U0610959

为心赋能，蓄力未来

中职生心理健康与职业生涯规划指导

刘 畅 —— 著

辽宁人民出版社

图书在版编目（CIP）数据

为心赋能，蓄力未来：中职生心理健康与职业生涯
规划指导 / 刘畅著. —沈阳：辽宁人民出版社，
2023.9
　　ISBN 978-7-205-10825-0

　　Ⅰ.①为… Ⅱ.①刘… Ⅲ.①心理健康—健康教育—
中等专业学校—教材 ②职业选择—中等专业学校—教材
Ⅳ.①G444 ②G717.38

中国国家版本馆 CIP 数据核字（2023）第 153746 号

出版发行：辽宁人民出版社
　　　　　地址：沈阳市和平区十一纬路 25 号　邮编：110003
　　　　　电话：024-23284321（邮　购）　024-23284324（发行部）
　　　　　传真：024-23284191（发行部）　024-23284304（办公室）
　　　　　http://www.lnpph.com.cn
印　　刷：辽宁新华印务有限公司
幅面尺寸：185mm×260mm
印　　张：14.25
字　　数：260千字
出版时间：2023 年 9 月第 1 版
印刷时间：2023 年 9 月第 1 次印刷
责任编辑：张婷婷
装帧设计：留白文化
责任校对：吴艳杰
书　　号：ISBN 978-7-205-10825-0
定　　价：88.00元

前言

PREFACE

最好的老师有三种：

第一种是递锤子的，你想要钉钉子，你的老师递给你一把锤子。多好的老师！

第二种是变手指的，你的人生需要好多黄金，你的老师让你的手指头变得可以点石成金。多好的老师！

第三种是开窗子的，你以为看到了风景的全部，你的老师帮你打开一扇窗，你豁然开朗，看，原来还有另外一个世界。这是好老师中的最好老师！

心理教师就是第三种老师，可以帮助学生看到生活中不只有困难和挫折，还有未来和希望，让学生看见生命的广阔与可能，让学生的心理得到滋养和爱。中等职业学校学生心理健康教育是学校思想政治工作的重要组成部分，是培养高质量技能人才的重要环节，所以心理老师也需要不断地进行专业化学习，掌握一些"武功秘笈"。

一、心理教师专业化学习的意义

1.心理课是学生和心理教师建立心理连接的桥梁

中职学生的心理健康教育，首先是发展性的，包括提高全体学生的心理素质，培养他们积极乐观、健康向上的心理品质，充分开发学生的心理潜能，促进学生身心和谐可持续发展，为他们健康成长和幸福生活奠定基础。心理课是为了引导学生人格积极健康发展，尽可能地为预防学生发展过程中可能出现的心理行为问题方面提供帮助。

同时，学生也是通过心理课才了解和认识心理教师的，因为心理课的走心、入心、暖心，学生会格外认同心理教师。通过上心理课，学生知道了什么是心理健康，知道了要发展自己的心理品质，知道了要解决自己的心理困扰可以找心理教师进行咨询。他们因为认识了心理教师，才走进了心理辅导室。通过心理课，学生和心理教师之间建立了真正的关系与连接。

2.上好心理课是心理教师的首要技能

为什么上好心理课这么重要？这是与心理教师的定位和职责紧密联系的。心理教师的职责非常多，主要有：（1）上心理课；（2）进行心理咨询；（3）心理健康档案建立与管理；（4）开展心理健康活动月活动、社团活动；（5）为学校教师心育能力提升提供指导；（6）开展家庭教育指导和家庭心理辅导；（7）突发及危机事件处理；（8）德心融合、跨界融合，协同育人；（9）制定学校心理健康教育规划，写心理健康教育总结；（10）开展心理健康教育科研项目、发表论文；（11）参与心理健康教育宣传、撰写心理推文、制作心理微课；（12）参加教研活动和心理培训；（13）参加教学能力比赛；等等。

心理教师真是十八般武艺需要样样精通，这就对如何当好心理教师提出了很高的要求，心理教师应是一个多面型、全能型的教师。这十八般武艺中，上好心理课无疑是其中最重要的"一技"，这是心理教师的主战场和主阵地，是展现其自我价值最重要的场所和舞台。

二、心理教师的武功秘笈

中职学校心理健康课程的教学设计，应以多元智能理论为基石，聚焦核心素养，体现参与式教学法，渗透课堂管理中的心理智慧，提升心理课教学的吸引力和实效性。

1.聚焦核心素养，构架心理健康教育和职业生涯规划特色课

以核心素养为纲是新修订的课程标准的标志性追求。"核心素养"是指学生应具备的适应终身发展和社会发展需要的必备品格与关键能力，突出强调个人修养、社会关爱、家国情怀，更加注重自主发展、合作参与、创新实践。

中职学生的核心素养，与正式发布的"中国学生发展核心素养"吻合，即文化基础、自主发展、社会参与三个方面，综合表现为人文底蕴、科学精神、学会学习、健康生活、责任担当、实践创新六大素养。

心理健康课主要培养学生自我认识与自我控制、沟通与合作、乐学善学、勤于反思、勇于探究、人文情怀、自我管理、问题解决的核心素养。

职业生涯规划课主要培养学生关注生涯成长，提高实现生涯目标的行动力，同时形成学会学习与终身学习素养，具备一定的语言素养、人文与社会素养、沟通与合作素养、创造性与问题解决素养和信息素养。

2. 塑造活动型学科课程

塑造活动型学科课程是修订思想政治课程标准最显著的亮点。活动型学科课程是聚焦核心素养的关键抓手。活动要以学生为主体，以学生发展为根本，遵循学生身心发展规律。具有可操作性强，尽量做到全员参与。要有一定的情景设置，如果结合专业效果更佳。达到人无我有、人有我优、人优我特（色）的目标。

教师可根据"贴近学生，贴近实际，贴近生活"的原则，设定相应的主题沙盘课、绘画心理活动课、创意时装秀等特色活动课，学生可以用眼观察、用耳倾听、用手操作、用脑思考、用心感悟，可在互动中学习规范，提高学生认知能力、社交能力、语言表达能力，促进人际的交互作用。

3. 参与式教学方法的应用

我对心理课的期望是"三心"——动心、开心、入心。其中，动心应包括两个方面：活动的内容和形式。活动内容应能激发学生的兴趣，活动形式应让学生愿意去参与、投入、体验和深度地分享。

参与式教学改变过去以原理为中心、教师为主导的教学方式，形成以问题为中心、学生为主体的教学方式，倡导合作、体验、探究，积极引导学生学会思维、学会主动学习。加强了学生的心理体验，调动了学生学习的自主性及开放性思维。

参与式教学方法包括案例教学法、角色扮演法、张贴板教学法、头脑风暴教学法、图式思维法、项目教学法。

因材施教，教育有方，但无定法，在教学实践中根据教学内容和学情分析选择合适的教学方法。

案例教学法着眼点在于培养学生的创造能力及解决实际问题的能力，用情境引导学生参与，大家一起讨论，正确看待别人及评价自己，提高学生与他人合作共事的能力。

角色扮演法是将现实生活中可能出现的情况写成剧本，要求学生在剧中扮演特定角色，目的是让学生演练如何处理实际问题。表演结束后，进行全班讨论，评价表演结果，分析怎样用不同的方式处理问题。包括幻想性、冲突性、决策性、模拟性扮演。

张贴板教学法是指在张贴板上钉上由学生或者教师填写的有关讨论或教学内容的卡片，通过添加、移动、拿掉或更换卡片进行讨论，得出结论的研讨式教学方法。张贴板教学法可以调动学生广泛参与课堂学习。

头脑风暴教学法是指一个脑袋思考不如多个脑袋思考，一个角度思考不如多个角度思考。头脑风暴法是不考虑答案的准确性，群体集思广益，尽可能激发创造性，产生尽可能多的设想的方法。

图式思维法可以让思维可视化，包括流程图、脑图、鱼骨图、SWOT分析图。图式思维法有利于信息的传递，有利于形象记忆、强化知识，有利于知识系统化，有利于发展学生智力，培养学生的逻辑思维能力。

项目教学法是用"产品或项目"带动学生参与课堂学习，其具体的操作步骤为：获取信息—制定计划—作出决定—实施计划—检查控制—评定结果。

4.多元智能理论

美国哈佛大学心理学教授加德纳的多元智力理论在生涯规划中有重要的地位。加德纳认为，从基本结构来讲，智力不是一种能力，而是一组能力。也就是说，智力不是单一的，而是多元的，其包括八种智能，即语言智能、数学逻辑智能、运动智能、空间智能、音乐智能、人际智能、内省智能、自然智能。在这八种智能之间，不存在哪一种智能更重要、哪一种智能更优越的问题。八种智能在个体的智能结构中占有同等重要的地位，只是在不同个体身上表现出不同的特点，具有自己独特的表现形式。换句话说，任何一个正常人都在一定程度上拥有其中的多项能力。对于每一个个体来说，不存在谁比谁更聪明的问题，只存在谁在哪一领域、哪一方面更擅长的问题。不同的人会有不同的智能组合，例如建筑师及雕塑家的空间感（空间智能）比较强，运动员和芭蕾舞演员的体力（运动智能）较强，销售员的人际智能较强，作家的内省智能较强。

心理教师要在课堂上、生活中帮助学生明确自己的智能结构，发现自己的优势能力，并将它发挥到最佳状态。同时多元智能理论有助于转变我们的教学观、评价观、学生观和发展观。

（1）多元智能理论有助于转变我们的教学观

每个人都不同程度地拥有相对独立的八种智力，而且每种智力都有其独特的认知发展过程和符号系统。因此，教学方法和手段应该根据教学对象与教学内容而灵活多样，因材施教。

（2）多元智能理论有助于形成正确的评价观

学校的评价指标、评价方式也应多元化，并使学校教育从纸笔测试中解放出来，注重对不同学生的不同智能的培养。

（3）多元智能理论有助于转变我们的学生观

多元智能理论为教师提供了一个积极乐观的学生观，即每个学生都有闪光点和可取之处，教师应从多方面去了解学生的特长，并相应地采取适合其特点的有效方法，使其特长得到充分的发挥。

（4）多元智能理论有助于形成正确的发展观

按照加德纳的观点，学校教育的宗旨应该是开发多种智能并帮助学生发现适合其智能特点的职业和业余爱好，应该让学生在接受学校教育的同时，发现自己至少有一个方面的长处，学生就会热切地追求自身内在的兴趣。

教师自己能走多远，才能引领学生走多远。随着时代发展，学生需要啥，教师就得有啥。要给学生一滴水，自己要有一潭水。所以为了更好地服务学生发展，心理教师需要不断提升专业成长的强劲内驱力和深度反思力。

目 录

CONTENTS

心理健康教育

第一节　身心健康，快乐成长

心灵游戏

💗 **团队组建：** 队名、口号、队形、队旗、队歌

💗 **活动准备：**

1.队名：为自己的团队起名字，积极健康，不要带有攻击性

2.口号：具有激励作用，体现出团队士气

3.队形：摆一个团队造型，队形新颖，可动可静

4.队旗：是队名的形象化展示，美观大方

内容：小组名称、口号、小组成员名字

工具：白纸、彩笔

5.队歌：原创或改编都可，5—6句即可。

💗 **精彩样例：**

1.队名：无与伦比组

口号：想要无可取代，就必须与众不同

队歌：《沙漠骆驼》

2.队名：驭梦小组

口号：万丈高楼平地起，辉煌只能靠自己

队歌：《月亮之上》

💗 **闪亮登场：**

队长带领大家展示队旗和队形，喊队名、队训、唱队歌

💗 **我分享，我快乐：**

1.团队展示后，大家的心情是什么样的？

2.整个项目中感觉压力最大的是什么环节？为什么？

3. 是什么让大家越来越放松？

4. 哪几位队友给你留下了特别的印象？

❤ 心灵感悟：

小组刚刚组建，我们可能相互认识，但并不一定彼此了解。现在我们聚在一起，为了完成共同的任务，小组成员要进行交流、讨论，并最终达成共识。在完成任务的过程中，我们彼此由陌生到熟悉、了解的过程，这就是人际适应的过程。喊完口号、唱完队歌后，大家非常激动，团队气氛越来越好，体验到团队成功的极大喜悦。

❋ 心灵调查

我们来做一个小调查：各位同学人生中最想拥有的是什么？请用两个词概括。

同学们可能想要幸福、财富、成功、美貌、亲情、友情、爱情，等等。这些答案我们用字母 N 来代替。

$$N-1=0$$

这个公式意味着这些想要的事物中，如果缺少一样，都将化为乌有。这个 1 是什么呢？

$$1=健康$$

健康并不代表一切，但失去健康便会失去一切。

一切智慧、成就、财富和幸福都始于健康，健康是人们生存和发展的根本。

❋ 心知探索

一、身心健康知多少

1. 健康的含义

健康是非常重要的，那什么是真正的健康？

世界卫生组织认为："健康是一种身体上、精神上和社会适应上的完好状态，而不是没有疾病及虚弱现象。"从世界卫生组织对健康的定义中我们可以看出，健康包涵了三个基本要素：（1）身体健康；（2）心理健康；（3）良好的社会适应能力。

全面健康包括身体健康（基础）和心理健康（核心），两者密切相关，缺一不可。

❤ 心灵故事：

有一个印度人练习搬山术，苦练了若干年，准备发功搬山。他发了半天功，却发现山没动。他就向师父抱怨，搬不动山。师父笑着对他说：山搬不过来，你到山那边去不就行了吗？

❤ 心灵点拨：

我们不能改变环境的时候就要适应环境，不能改变别人就要改变自己。

社会适应能力是指人为了在社会中更好生存而进行的心理上、生理上以及行为上的各种适应性的改变，与社会达到和谐状态的一种执行适应能力。

从某种意义上来说，社会适应能力就是指社交能力、处事能力、人际关系能力。社会适应能力是反映一个人综合素质能力高低的间接表现，是个体融入社会、接纳社会能力的表现。

2.心理健康的含义

心理健康是指身体、智力、情绪和谐；适应环境，在人际交往中能彼此谦让；有幸福感；在工作和职业中能充分发挥自己的能力，过有效率的生活。

提到心理健康，有的同学可能会说：我的心理没有问题，我不用学习心理健康课程。其实，这是对心理健康的一种误解。我们每个人都需要了解心理健康方面的知识。

心理健康包括两层含义：一是无心理疾病，这是基本条件；二是具有·种积极向上的心理状态，这是从积极的、预防的角度对人们提出要求，使心理处于最佳的发展状态。如遇到困难不逃避，积极主动地调节不良情绪，善于从积极角度思考问题等。

3.心理健康的标准

衡量身体健康的标准是比较客观和容易理解的，心理健康也有十条标准。同学们理解了这些标准，就知道自己应该往什么方向努力。

（1）充分的安全感；

（2）充分了解自己；

（3）生活目标明确具体、切合实际；

（4）与外界环境保持接触；

（5）保持个性的完整与和谐；

（6）具有一定的学习能力；

（7）保持良好的人际关系；

（8）能适度地表达和控制自己的情绪；

（9）有限度地发挥自己的才能和兴趣爱好；

（10）满足个人基本需求。

二、心理健康，幸福成长的保障

维护心理健康对中职生成长的意义主要体现在以下三个方面。

1. 心理健康会影响生理健康

古代医圣华佗说："善医者，先医其心而后医其身。"

健康的一半是心理健康，疾病的一半是心理疾病。

心理和身体存在交互作用，如果一个人长期处于焦虑、恐惧、愤怒、悲伤、抑郁等不良的心理状态，往往会引起植物性神经功能的紊乱，抵抗力会降低，导致身体的各种不适应和疾病。研究发现，许多心因性疾病都与不健康的心理状态有关。如高血压、冠心病、心绞痛、癌症等疾病的发生都与心理因素有关，统称为心身疾病。我们常说的"气大伤身"就是这个道理。

2. 心理健康与学习生活息息相关

健康的心理可以促进智力的协调发展，有助于提高学习效率，对知识能够更好地掌握。而动机缺乏、意志薄弱、厌学、自卑等心理行为问题，则是影响学习效果的主要原因。

苏霍姆林斯基曾说过："教学的效果在很大程度上取决于学生的内在心理状态如何，积极、热情的情绪是推动学习的内在动力。"

3. 心理健康对一个人的事业成功具有重要作用

职业竞争表面上是知识、能力、业绩、职位、权力的竞争，实质上是职业心态和人生态度的竞争。拥有自信、积极乐观的情绪与坚强的意志品质，热爱自己的岗位，满怀热情地投入工作中，把困难看成是对自己的挑战，这样的人将通过自己的努力而获得成功。所以未来的高素质劳动者和技术技能人才不仅要有高尚的道德品质、强健的体魄，还要有健全的人格和良好的心理素质。

三、通往心理健康之路

心理健康对每个人都非常重要，在生活中我们可能会遇到各种各样的烦恼和挫折，那应如何应对呢？

1. 积极乐观的心态

现实生活中，我们不能控制自己的遭遇，却可以调整自己的心态；我们不能变别人，却可以改变自己。

今天下雨了，道路拥挤，有的司机很着急，急得直骂。有的司机却很放松。他们会怎么想呢？正因为下雨，我们可以路上欣赏雨景，空气湿润还有益健康；假如今天天气恶劣，我们也可以这样想：正因为有坏天气，才知道美好天气的可贵。

心顺了，一切就顺了，心念一转天地宽，要学会用积极的心态来对待人和事。乐观、积极的态度是健康心理的标志，人人都可以选择快乐，人人都有权利追求快乐。

如何才能培养我们积极的心态？

一是改变观念，选择对事物积极的看法。

二是改变行为，养成积极的生活习惯。

2. 改善心理健康状况的方法

心理健康不是说没有遭受挫折、没有痛苦、没有冲突，而是能够有效地进行调整，保持良好的状态。改善心理健康状况的有效方法有：

（1）做运动；

（2）听音乐；

（3）找人倾诉；

（4）开怀大笑；

（5）帮助别人；

（6）看心理医生；

（7）求助心理热线；

（8）不要钻牛角尖；

（9）培养兴趣爱好；

（10）有思考、冥想的时间。

关爱心理，关注健康。青春拼搏，让我们与阳光心态相伴。青春飞扬，让我们有积极心态相随。心理健康，生命阳光。

⭐ 心灵图片

美丽的东西在背后，常回头看看。

⭐ 心灵寄语

没有不开心的事，只有不智慧的人。

这世界除了心理上的失败，实际上并不存在什么失败，只要不是一败涂地，你一定会取得胜利的。

一个人最大的破产是绝望，最大的资产是希望。

世上没有绝望的处境，只有对处境绝望的人。

⭐ 心灵测验

社会适应能力诊断量表

社会适应能力是一个人适应社会生活和社会环境的能力。社会适应能力的高低，从某种意义上说，表明一个人的成熟程度。请您根据自身情况如实作答，以了解自己的社会适应能力情况。把答案填写到对应题目上：A. 是；B. 无法肯定；C. 不是。

1. 我最怕转学或转班级，每到一个新环境，我总要经过很长一段时间才能适应。

2. 每到一个新的地方，我很容易同别人接近。

3. 在陌生人面前，我常无话可说，以致感到尴尬。

4. 我最喜欢学习新知识或新学科，它给我一种新鲜感，能调动我的积极性。

5. 每到一个新地方，我第一天总是睡不好，就是在家里，只要换一张床，有时也会失眠。

6. 不管生活条件有多大变化，我也能很快习惯。

7. 越是人多的地方，我越感到紧张。

8. 在正式比赛或考试时，我的成绩多半不会比平时练习差。

9. 我最怕在班上发言，全班同学都看着我，心都快跳出来了。

10. 即使有的同学对我有看法，我仍能同他（她）交往。

11. 老师在场的时候，我做事情总有些不自在。

12. 和同学、家人相处，我很少固执己见，乐于采纳别人的看法。

13. 同别人争论时，我常常感到语塞，事后才想起该怎样反驳对方，可惜已经太迟了。

14. 我对生活条件要求不高，即使生活条件很艰苦，我也能过得很愉快。

15. 有时自己明明把课文背得滚瓜烂熟，可在课堂上背的时候，还是会出差错。

16. 在决定胜负成败的关键时刻，我虽然很紧张，但总能很快地使自己镇定下来。

17. 我不喜欢的东西，不管怎么学也学不会。

18. 在嘈杂混乱的环境里，我仍然能集中精力学习，并且效率较高。

19. 我不喜欢陌生人来家里做客，每逢这种情况，我就有意回避。

20. 我很喜欢参加社交活动，我感到这是交朋友的好机会。

评分办法：

1. 单数号题（1，3，5，7……），是：-2分，无法肯定：0分，不是：2分。

2. 双数号题（2，4，6，8……），是：2分，无法肯定：0分，不是：-2分。

将各题的得分相加，即得总分。

分数解释：

35~40分：社会适应能力很强，能很快地适应新的学习、生活环境，与人交往轻松、大方，给人的印象极好，无论进入什么样的环境，都能应付自如，左右逢源。

29~34分：社会适应能力良好。

17~28 分：社会适应能力一般，进入一个新环境后，经过一段时间的努力，基本上适应。

6~16 分：社会适应能力差，依赖于好的学习、生活环境，一旦遇到困难则易怨天尤人，甚至消沉。

5 分以下：社会适应能力很差，在各种新环境中，即使经过一段相当长时间的努力，也不一定能够适应，常常困惑到与周围事物格格不入，因而十分苦恼。在与他人的交往中，总是显得拘谨、羞怯、手足无措。

如果你在这个测验中得分较高，说明你社会适应能力较强。但是，如果你得分较低，也不必忧心忡忡，因为一个人的社会适应能力是随着年龄的增长、知识经验的丰富而不断增强的。只要你充满信心，刻苦学习，虚心求教，加强锻炼，你一定会成为适应社会的成功者。

心灵歌曲

《健康快乐动起来》

演唱：香香

经典歌词：

这个名字真的好难猜

没有什么比我更可爱

我看着天空看着云彩

看得阳光也唱起歌来

Yeah yeah yeah 快乐快点跟我来

Yeah yeah yeah 健康快点跟我来

Yeah yeah yeah 爸爸妈妈一起来

Yeah yeah yeah 健康快乐动起来

我的名字真的不难猜

像 1+1 都知道答案

和你拉钩永远不分开

我的名字原来就是爱

第二节　心理咨询，积极求助

心灵游戏

心有千千结

💗 **规则：**

1. 把全班分为三组，每组同学手拉手围成圆圈。一定要记住，你左手拉的是谁的右手，右手拉的是谁的左手，要记清楚。

2. 当听到老师说松手时，大家就立刻松开手，开始走动，要求走得越乱越好。当听到老师说"停"时，大家停止走动，迅速找到原来左、右手所牵的那两个同学，还是左手牵原来那个同学的右手，右手牵原来右边同学的左手。

3. 当手牵住后，在不能松手的前提下，可以用穿、转、跨、拗手等任意方法，恢复到最初的那个完整圆圈。用时最短的小组获胜。

💗 **我分享，我快乐：**

1. 做完这个游戏后你有什么感悟？

2. 当面对打不开的结的时候，你想过放弃吗？

3. 你采用什么方法把结打开了？

4. 你的生活中有没有打不开的心结？

💗 **心灵感悟：**

1. 坚持就是胜利，面对困难要有永不放弃的精神。

2. 任务的成功完成要有团队合作，需要队长的清晰指令，需要队友的积极配合。

3. 同学们手拉手，也是爱的能量的传递。

4. 解决问题的方法具有多样性，任何问题都不止一种解决方法。

5. 无论有什么困扰和心结都会被打开，只是时间和方法问题。

✳ **心灵思考** ✳

究竟什么是心理咨询？什么人需要心理咨询？

请回答下面的判断题，看看大家对心理咨询了解有多少。

1. 请路边的算命先生帮忙算一卦，这是不是心理咨询？

2. 去寺庙祈祷，与老和尚聊聊天，这算不算是心理咨询？

3. 和好朋友互诉烦心事，这是不是心理咨询？

4. 和爸爸妈妈聊天谈心，这是不是心理咨询呢？

这些都不是真正意义上的心理咨询。

✳ **心知探索** ✳

一、心理咨询的含义

心理咨询是心理咨询师运用心理学以及相关知识，遵循心理学原则，通过各种技术和方法，帮助求助者解决心理问题的过程。"帮助求助者解决心理问题"需要注意两个方面：（1）咨询关系是"求"和"帮"的关系，给没有求助愿望的来访者进行心理咨询是没有效果的。（2）帮助解决的问题只能是心理问题，或由心理问题引发的行为问题，因为心理咨询师不可以帮助求助者解决生活中的具体问题。

心理咨询就是要帮助你形成自己应对环境的方法和技能，心理咨询人员不是简单地为你"打理心情"，而是交给你一把梳理心情的梳子，也就是说，用自己的钥匙打开自己的锁。

心理咨询的宗旨是帮助人解决心理困扰，以便更好地生活。心理咨询师是坚信心理学是一门科学，用专业的方法来工作的人。

二、心理咨询的技术

真正的心理咨询与一般的聊天是有不同的。为何那么多人觉得与好朋友聊天算咨询？原因是：两者运用了一些共同的技术，如倾听、鼓励、支持。

第一，真诚地、认真地倾听。

第二，安慰求助者，让他的情绪平静下来。

第三，鼓励求助者，让他恢复自信心。

第四，会向求助者袒露心声，"我曾经也这样过，其实没什么的，过几天就好了"。

第五，会分析，去帮助求助者考虑问题出在哪里、寻找解决方法、建议他应该怎么做。

在与好朋友聊天中，以上提到的方法，在心理咨询中都是一些辅导的技巧。如果你有一个好朋友，可能就相当你有了半个心理医生。

两者的不同点：价值观中立，自救自助，不直接给建议。

确切地说，你身边的是朋友，不是受过专业训练的心理咨询师，他们往往会受到你的影响，会很主观，而心理咨询师不了解你的生活环境，做起判断来会比较客观。谈心讲的是感觉，而心理咨询有一套完整的理论体系和技巧。谈心可以让人开心，但是往往却不能解决什么问题，心理咨询不但能解决问题，还能提高与培养你解决问题的能力。

心理咨询不是说"你应该怎样想怎样做"，而是要引导你自己去找到答案。比如说"那你自己觉得呢？你认为这样做合理吗？"能够自助，这也是心理咨询所要达到的目的。

三、心理咨询的保密制度

有时好朋友可能在无意中把你的秘密泄露了出去，而心理咨询是绝对不会的。

心理咨询发生在一定场所，如心理咨询室，走出心理咨询室，双方对在咨询室中发生的事情绝对保密。可能在路上遇见了，心理咨询师会当作不认识来访者，除非来访者主动与心理咨询师打招呼。但是来访者如有自杀倾向或严重危害社会安全事件发生时，心理咨询师可打破保密制度。

四、心理咨询的工作对象

现在有心理困扰的人越来越多，对心理咨询的需求也越来越大。心理咨询主要的工作对象是健康人群，或者是存在心理问题的亚健康人群，而精神分裂症、神经质症等患者是精神科医生的工作对象。

心理健康是一个动态过程，心理非常健康和心理极不健康的人非常少，大部分的人都会有心理问题。每个人在成长的不同阶段及学习、工作和生活的不同方面，都有可能会遇到这样那样的问题，导致消极情绪的产生。对这些问题如能采取适当的方法予以调节，问题就能顺利地解决；如果不能及时正确地处理，就会产生持续的不良影响，甚至导致心理障碍。所以我们要随时关注心理，有了心理困扰，要及时调节、及时求助。

五、正确对待和处理心理问题

心理问题是我们日常生活中经常遇到的，就像患感冒一样平常。对于身体出现的问题，可以买药吃，多休息，如果不见好转，可以去医院寻求医生的帮助。对于心理问题也是如此。可以自我调适，如果不能有效调节，要寻求专业帮助。心理辅导可以帮助我们走出困惑和彷徨，排解忧闷和不畅，寻找思路和方法，获得勇气和力量。

我们举个具体的例子进行分析。例如，一个学生要在正式场合做报告，他对此感到焦虑、担心，这就是普通的心理困扰，可以通过自我调适解决；如果他从一个月前就焦虑得吃不下饭、睡不好觉，脾气也变得烦躁不安，常常与周围的人发生冲突，正常的生活被打乱，问题就比较产重了。他可能出现了心理障碍，需要进行专业的心理辅导。如果他开始出现幻觉，如自己正在做报告时被听众轰下台、被听众打，或是完全将自己封闭，不与任何人交流，每天哭泣，体重急剧减轻等，就有可能出现了精神疾病，需要向精神科医生寻求帮助。

心灵图片

在这张图片中你看到的是少女还是老妇？

❀ 心灵寄语

不要因错过日出而失望，因为还有晨光；不要因为挫折而沮丧，因为还有希望。

知识改变命运，现在决定未来。心志决定命运，态度决定高度。

逆风的地方，更适合飞翔，我不怕千万人阻挡，只怕自己投降。

❀ 心灵歌曲

《下一个天亮》

演唱：郭静

经典歌词：

用简单的言语解开超载的心

有些情绪是该说给懂的人听

有些积雪会自己融化

我发誓要更努力　更有勇气

等下一个天亮

第三节　认识自我，超越自我

✿ 心灵游戏

命运之牌游戏

生命中有太多的偶然与不确定，带着这样的偶然与不确定，开始我们今天的"牌上人生"游戏。假设今天我们遇到了"命运之神"，他发给我们每人一副"命运之牌"，从现在起，我们将扮演牌上的这个人。

💗 规则：

1. 每个同学都将抽到一张扑克牌，按照老师提供的标准，这张牌就代表一个人的某些信息。

2. 对照标准，将这个人的信息进行简单标注。

3. 相互自我介绍。

牌上人生，终于找到标准了：

第一（性别）：红色代表女；黑色代表男。

第二（年龄）：黑桃表示人物年龄为 20 岁以下；草花表示人物年龄为 21—35 岁；

方块表示人物年龄为 36—50 岁；红心表示人物年龄为 51 岁以上。

第三（长相）：2—4 表示人物体态肥胖；5—7 表示人物相貌出众；

8—10 表示人物其貌不扬；J—A 表示人物满脸黑斑。

第四（性格）：2—4 表示人物鲁莽冲动；5—7 表示人物热情开朗；

8—10 表示人物多愁善感；J—A 表示人物沉着稳重。

第五（家境）：2—4 表示人物家境一般；5—7 表示人物家道殷实；

8—10 表示人物基本温饱；J—A 表示人物负债累累。

💗 我分享，我快乐：

1. 你拿到的牌是什么？介绍一下你的信息。

2. 你是否喜欢这张牌？理由是什么？

3.牌上的自己和现实中的自己，你更喜欢哪个？

💗 心灵感悟：

世上有一些事情可以改变，也有一些事情不能改变。如何看待我们的身上不能改变的东西，如外表和家庭出身？

谁都希望自己国色天香、英武过人、天资聪颖、出类拔萃，谁都希望自己含着银汤匙出世、一帆风顺、坐享其成……可是这不符合事物发展的客观规律，是一厢情愿的白日梦。

人的外表无法改变，但我们可以选择坦然乐观的态度。容貌一般，可以因自信而美丽；长相平常，可以因学识和能力而美丽；外表普通，可以因高雅而美丽。

无论自己目前的处境令你多么不满意，但这都不是最糟糕的。虽然有些现实不能改变，但你却可以改变自己的心，改变你看待自己人生的眼光。你就是一道风景，没必要在别人的风景面前仰视。

🌸 心知探索

一、认识自我

知人者智，自知者明。正确认识自我就是指一个人对自我的认识要与自我的实际情况相符合。它包括两个方面的涵义：一是客观、全面认识自己的特点和长处。二是正确认识自我与社会、个人与集体的关系。

全面而客观地认识自我是自尊、自信、自强的基础。下面我们通过心灵体验活动来更好地认识自我。

💗 心灵体验：

1.画出我自己（自画像）

工具：铅笔、橡皮、油画棒、纸。

这个活动不是考验绘画能力，可以画过去的自己、现在的自己，也可以是未来的自己，不能画卡通人物、游戏人物、火柴人。最后写上名字，也可以附注文字说明。

2. 写出我自己

写出 10 句"我是一个怎样的人"。

可以从相貌、性格、兴趣爱好、能力、优点、缺点等方面考虑。可以包括学习、思想、生活、人际交往方面等方面。可以参照积极心理学的六大美德、24 项积极心理品质。

例如：我是一个 ___自信开朗___ 的人。

六大美德	24 项积极心理品质
智慧和知识	创造力、好奇心、开放的思想、热爱学习、有洞察力
勇气	真诚、勇敢、坚持、热情
仁慈与爱	友善、拥有去爱和被爱的能力、良好的社交能力
正义	公平、领导力、团队精神
修养与节制	宽容、谦虚、谨慎、自律
心灵的超越	发现美和欣赏美、感恩、希望、幽默、有信念

3. 写出我自己

填写下列句子。

（1）假如我是一种花，我希望是_____，因为_____。

（2）假如我是一种动物，我希望是_____，因为_____。

（3）假如我是一种乐器，我希望是_____，因为_____。

（4）假如我是一种水果，我希望是_____，因为_____。

（5）假如我是一种颜色，我希望是_____，因为_____。

（6）假如我是一种交通工具，我希望是_____，因为_____。

（7）假如我是一种树，我希望是＿＿＿＿＿，因为＿＿＿＿＿＿＿。

💗 **心灵点拨：**

1. 全面认识自我

自我包括三个方面：生理自我、社会自我、心理自我。

生理自我：例如我很苗条，我的颜值很高，我爱吃什么、爱穿什么。全是生理自我代表没长大、幼稚。

社会自我：呈现与他人的关系及顺序，如家庭关系、学校关系。没有提及关系可能对关系很满意，也可能很痛苦，不愿意提及。

心理自我：精神层面的评价。例如快乐、善良的人。

所以，我们既要认识自己的外在形象，如外貌、举止、风度、谈吐，又要认识自己的内在素质，如学识、心理、性格、道德、能力等，还要认识自己与他人的关系。"金无足赤，人无完人"，全面认识自己，我们既要看到自己的优点和长处，又要看到自己的缺点和不足。如果只看到自己的缺点、不足，我们将会悲观失望、停步不前；如果只看到自己的优点，看不到自己的不足，"看自己一朵花，看别人豆腐渣"，我们就会沾沾自喜，骄傲自大，停步不前，甚至会倒退。

俗话说，"士别三日，当刮目相看"，我们每个人都是在不断发展和变化的，我们要用发展的眼光看自己，及时发现自己新的优点和缺点，并且通过自己的努力，争取变缺点为优点，不断改正自己的缺点来完善自己。

2. 认识自我的途径

认识自我的三个途径：与自己比较、自我反省、以他人为镜。对比过去，认识现在，通过反思自我，向他人借鉴学习，才能全面客观地认识自我。

大文豪苏轼写道："不识庐山真面目，只缘身在此山中。"认识自己的确比较难，当局者迷，旁观者清，周围的人对我们的态度和评价能帮助我们认识自己、了解自己。我们要尊重他人的态度与评价，倾听合理的建议。

二、悦纳自我

能否全面客观地认识自己，是否喜欢自己是一个人心理是否健康的重要标准。

悦纳自我就是能够愉悦地接纳自我，即正确评价、接受自己；欣赏优点、接受不足；努力改进、完善自己。

💭 心灵思考：

（1）你对自己满意的程度是多少（0—100分）？

（2）你对自己不满意体现在哪些方面？是否能够改变？

（3）你觉得如何努力做到使自己更满意？

💭 心灵点拨：

也许我们有很多不遂心的地方，有很多想要改变的地方。可那也是我们生命中的一部分，我们越排斥它，它对我们的伤害就会越大，因此，不如面对它、接受它。

有勇气承认自己生命的不足和缺点，不是原地抱怨，而是努力向自己的目标出发，不断完善自己。

悦纳自我需要坦然地接受不能改变的现实，勇敢地去改变能够改变的现状。

💭 心灵故事：

《神奇变身水》讲了一个小老鼠变身的故事。一开始，小老鼠为自己是老鼠而苦恼，它再也不想做老鼠了，因为人类总是驱逐它，猫想要吃掉它，虽然它还没有想好要变成什么，但它真的不想做老鼠了。

哇啦哇罗镇有一个售卖各种神奇变身水的巫师，他那里有各种各样的变身水，你想要变成什么就喝下相应的变身水，然后就是见证奇迹的时刻了。这一天，巫师整理变身水时发现有一瓶的标签竟然掉了，那么这瓶没有标签的变身水到底会让人变成什么呢？

这时，小老鼠来敲门了，它向巫师表达了自己想变身的需求。恰巧小老鼠还没想好变成什么，巫师便灵机一动，把手里那瓶没有标签的变身水送给了小老鼠。

小老鼠带着这瓶不知道会让自己变成什么的神奇变身水回到家，它一边找开瓶塞的工具，一边想象着自己可能会变成什么。

变成一只蝴蝶？蝴蝶很漂亮，可是却活不久。不行，不能变成蝴蝶。

变成一只乌龟呢？乌龟倒是可以活很久，可是它们动作慢吞吞的，长得也不漂亮。

蜜蜂呢？它们飞得很快，可是它们太勤劳了，总是忙个不停，这可不是一只老鼠喜欢做的事。

那么变成蚂蚁呢？蚂蚁可以去野餐，可是蚂蚁太小了，一不小心就会被人踩死了。

变成小鸟也许不错吧，有漂亮的羽毛，可以飞……但是小鸟喜欢吃虫子，这太恶心了。

如果变成一只猫呢？再也不用怕它们了，可是猫要吃老鼠的啊，一想到要吃下跟自己一模一样的同类，小老鼠快要晕倒了。

等等，万一这瓶变身水就是变成老鼠的，那么对我来说岂不是没用了吗？

嗯，还是变成一头大象比较威风，但是大象住不进我的房子啊！我可不想失去那么漂亮的房子。

小老鼠想了很久很久，它实在想不出自己到底想变成什么。当老鼠是有很多问题，可是它从小就知道当老鼠是怎么回事，要是变成别的自己不熟悉的东西，遇上什么事可就不妙了！想来想去，小老鼠决定还是把变身水还给巫师。

巫师问小老鼠有没有变，小老鼠并没有变身，但是它说："我想我是变了。我本来是一只不快乐的老鼠，但是现在……"小老鼠不好意思说出自己变得快乐了，但是巫师知道它是真的快乐了！因为，他的神奇变身水终于有效果了！原来每个来买变身水的人都对原本的自己不满意，可是使用变身水变身后还是不快乐，总会有新的烦恼产生，倒是小老鼠没有使用变身水，反而变得很快乐呢！这不正是变身水最大的作用吗？

💗 **心灵点拨：**

在这个世界上，每个人都是独一无二的，不要忽略自己的与众不同和闪光点，接受全部自己才能面对自己！只有你自己，才能决定别人看你的眼光。认为自己不够好，这是最大的谎话；认为自己没价值，这是最大的欺骗。

三、超越自我

💗 **心灵实验：**

跳蚤实验

跳蚤在不同情况下跳跃的高度：正常情况下是身高的 127 倍，高压下是身高的 400 倍。

实验者在一个玻璃杯里放进一只跳蚤，发现跳蚤立即轻易地跳了出来；在杯子上加一个玻璃盖，跳蚤开始根据盖子的高度来调整自己所跳的高度。一天后，把这个盖子轻轻拿掉，跳蚤还是在原来的这个高度继续地跳。

跳蚤变"爬蚤"带给我们哪些思考？

❤ 心灵点拨：

跳蚤的能力被自己心中的"玻璃盖"罩住了。很多人不敢去追求梦想，不是追求不到，而是因为心里已经默认了一个"高度"。这个"高度"常常使他们受限，看不到未来确切的努力方向。我们要坚信：凡事没有永远的失败，只有暂时的不成功。

我不再是自我设限的跳蚤！

我有尝试的勇气！

我是最棒的！

我相信，我努力！我能行！

❤ 心灵案例：

独臂少年张家城

张家城，2006年出生于云浮市云安区高村镇的一个普通家庭里，是一名七年级的学生。在他5岁那年，他的右手因为意外而被绞断了。

面对右臂的残缺，张家城没有灰心泄气，也没有怨天尤人，而是从吃饭更衣，到写字干活，张家城都敢于从零开始，一步一个脚印地去重新学习生活的点点滴滴，去坚强地面对生活。正是在童年这段艰难的时光里，张家城养成了独立、坚强、乐观、自信的良好品质，一颗坚强奋斗的种子也从小在心底里埋下。

俗语说得好："当命运关闭一扇门的时候，就会给你的人生打开一扇窗。"2018年，张家城12岁的那年，一项名为"阳光体育"的体育惠民工程彻底地改变了张家城人生的轨迹，让他找到了自己人生的理想、自己人生的意义。张家城参加了篮球培训班，并由此爱上了篮球这一项运动。

"要么努力，要么放弃"，这句话是张家城在社交网络平台上的一句名言，也是张家城人生的座右铭。在参加篮球培训班后的两年时间里，从简单的站姿、拿球的手势开始，慢慢到运球、投篮、花式传球，每一个动作他都细细揣摩并不断练习，精益求精以力求最好。很多人都劝他放弃："一只手怎么打篮球？"但是他从不动摇，他坚信：

"我命由我不由天，别人能做到的事情我也能。"是对篮球的热爱和坚强不屈的意志使他更刻苦地训练，不断提高自身的水平。不管是学校操场还是家里，只要是能够练习篮球的地方，都会出现张家城的身影。在学校里，每天在学习之余，他就拿起篮球，奔向篮球场，投入训练当中去。在家里，不到13平方米客厅的墙上，印着密密麻麻的篮球印，那是他在家刻苦练球的见证。

有志者，事竟成，他的球技慢慢地得到了提高，他不仅掌握了背后运球、花式运球、胯下运球等多种运球手法，精准娴熟的投篮技术更是令站在球场边上的同学们纷纷为他喝彩鼓劲。

2020年他在街头篮球挑战赛的视频被人发到网上后，引起了无数的转发和关注，其中就包括NBA勇士队的球星史蒂芬·库里。在接到来自广东宏远队的邀请后，张家城走进了CBA训练营，与易建联等人交流球技，还与徐杰进行了1V1"斗牛"，并在离开之前获赠了签名球衣。

💗心灵点拨：

不要被曾经的失败吓倒。

尝试—失败—失去信心—放弃—永远失败。

尝试—失败—相信自己—再尝试—成功。

张家城是当代中国励志向上、坚强奋斗的少年代表，他的坚强、乐观、热忱、自信的优秀品质正通过网络的传播在影响着千千万万的中国人，激励人们不要向命运低头，要用坚强照亮人生。

天生我材必有用，尺有所短，寸有所长。有的人也许不解数字之谜，但却心灵手巧，长于工艺；有的人可能不辨音律，但却有高超的组织才能；有的人或许记不住许多外语单词，但有一副动人的歌喉，擅长文艺；有的人可能不会琴棋书画，但酷爱大自然，精于园艺。每个人都有自己的弱项，也都有自己的强项，没有必要自卑，而是应该努力去扬长避短，从而赢得别人的尊重。

做不了太阳，就做星星，在自己的星座发光发热；

做不了大树，就做小草，以自己的绿色装点世界；

做不了伟人，就只做实在的我，平凡并不可悲，关键是必须做最好的自己。

人的自信不仅是指相信自己有能力、有价值，同时也指相信自己有弱点。我们应该从今天开始，全面客观地认识自我后，在悦纳自我的心态下，不断超越自我，将自我的潜能发挥到极致，做最好的自己，为自己喝彩！

❋ 心灵图片

虽然我是猫，但是我的内心可以像老虎一样强大。

❋ 心灵寄语

当你觉得全世界都对不起你，

别人看见的就是刺猬般的你。

当你觉得天使们都停在你的肩膀上，

别人看见的就是光芒万丈的你。

当你觉得沮丧失落情绪低迷，

别人看见的就是不值得托付的你。

当你觉得自在昂扬充满信心，

别人看见的就是值得相信的你。

当你觉得没有人会来爱你，

别人看见的就是可怜兮兮毫无魅力的你。

当你觉得宠爱满怀希望无限，

别人看见的就是明亮灿烂风华绝代的你。

✦ 心灵作业

送给自己一份珍贵的礼物：姓名正解。每个人出生都承载着家族的期望，姓名就体现出家庭成员对自己的祝福与期待，你对你的名字是如何理解的呢？运用积极正向的话语解读出来，解释的条目越多越好。

比如，金可莹：

1. 我希望自己像金子一样可以找到自己的闪光点，在将来，家庭、事业、爱情三方面共赢。

2. 我希望自己能够拥有金子般的光芒，不被世俗束缚，可以自由地选择，最后通过自己的能力去赢得尊重。

3. 一寸光阴一寸金，寸金难买寸光阴。人而无信，不知其可，如果你想赢，但又认为赢不了，那么可以肯定你必输无疑。

比如，乔智：

1. 小桥流水，夕阳西下，智者于室，心系天下。

2. 夜半乔山，万籁俱寂，火烛俱息，唯有慈母，游针穿线，与子织衣。

✦ 心灵歌曲

《爱自己》

演唱：许飞

经典歌词：

快乐有自己温柔对自己，快乐有自己祝福了自己。

不管明天是晴是雨，爱自己，勇敢不放弃。

快乐有自己闪亮的自己，快乐有自己浪漫了自己，让世界因我而更美丽。

第四节　接纳情绪，管理情绪

心灵游戏

绘制情绪彩带

课前准备：A4纸、水彩笔或彩铅笔。

请回忆一下最近一周你的情绪是怎样的，有没有哪些事情或人让你觉得开心、伤心或者生气甚至愤怒？把每一种情绪用一种颜色来代表，把你体验到的情绪画成一条情绪彩带吧！

💬 我分享，我快乐：

1. 是什么事情让你产生这样情绪？

2. 这些情绪好不好？

3. 你应对情绪的有效方法有哪些？

💬 心灵拓展：

色彩心理学

1. 红色表示快乐、热情，它使人情绪热烈、饱满，激发爱的情感，也是冲动情绪的体现。

2. 黄色表示快乐、明亮，充满喜悦之情。

3. 绿色表示和平，使人的心里有安定、恬静、温和之感。

4. 蓝色给人以安静、凉爽、舒适之感，使人心胸开朗。

5. 灰色使人感到郁闷、空虚。

6. 黑色使人感到庄严、沮丧和悲哀。

7. 白色使人有素雅、纯洁、轻快之感。

8. 紫色使人感到虔诚、孤独、忧郁。

⭐ 心知探索

一、认识情绪

1.情绪的含义

情绪是人对客观事物的主观体验，它取决于人的内心需要是否得到满足。情绪都是通过面部表情、动作、语调表现出来的。身体动作表现得越强，说明情绪越强烈，如喜时手舞足蹈，怒时咬牙切齿，忧时茶饭不思，悲时痛心疾首等。

人有丰富多彩的情绪，基本情绪有快乐、愤怒、恐惧、悲伤四种。同学们知道多少相关的情绪词汇呢？

快乐：开心、自在、舒心、满足、欢乐、欣喜、扬眉吐气、适意、动心、甜蜜、从容、称心、知足、痛快、狂喜、激动。

愤怒：气恼、气愤、生气、不满、恼火、愤然、激愤、盛怒、震怒、愤愤不平、七窍生烟、勃然大怒、恼羞成怒、怒不可遏。

恐惧：不安、紧张、担心、着急、慌乱、惊愕、害怕、心悸、震惊、后怕、退避、不寒而栗、大惊失色、缩头缩脑。

悲伤：哀伤、悲哀、凄然、伤心、伤感、悲痛、痛心、悲愤、痛苦、辛酸、凄惨、肝肠寸断、黯然神伤。

2.如何看待负性情绪

💗 **心灵思考：**

有人说情绪负性情绪是不好的，因为它会影响人的行为，会抑制人的认知。比如愤怒常常会让我们感到不知所措，会让我们作出事后后悔的事情，如暴跳如雷、攻击别人、摔东西等。你怎么看呢？

💗 **心灵点拨：**

情绪从来不是问题，如何表达情绪才是问题。情绪没有好坏之分，只有表达方式合适不合适。

当我们觉察到愤怒情绪会带来这些后果时，我们要想想这种情绪现在是该隐藏还是该表达？可不可以改变自己对愤怒的表达方式？如何有效地表达？事实上，情绪表达有一定的规范，我们需要把情绪以符合或者适应文化规范的方式表达出来。

3. 负面情绪也有存在的意义

焦虑是一把双刃剑，没焦虑，没动力；适度焦虑，才有效力；过度焦虑，成为阻力。

内疚则能使我们不再犯同样的错误。

愤怒有冲动性和破坏性，也是最有力量的情绪，让我们追求公正，激发我们为争取自己的权利和自由而抗争。

抑郁是愤怒的内化，把愤怒转向自己。抑郁会让我们放弃这些东西，让我们的身体和大脑得到休息。

恐惧是企图摆脱、逃避某种危险情境而产生的情绪体验，使人躲避危险，寻求安全。

比如新型冠状病毒的出现会引起我们一系列的情绪波动，如：焦虑、担心、慌乱、悲伤、愤怒、庆幸、感激等。我们也需要思考消极情绪的积极意义，正常范围内的恐惧可以保护我们，如不聚会，出门戴口罩，进门要洗手，如果在病毒面前完全放松，没有任何反应，反而是很危险。

正是因为这些情绪的存在，我们的生活才显得丰富多彩。情绪管理的任务是减少情绪的影响，而不是要消除情绪、抹杀情绪。所以面对消极情绪，不要抗拒，只有先接纳它才能表达和调节它。

二、接纳情绪

💗 心灵电影：

电影《头脑特工队》能帮助我们更好地理解这一点。女孩莱莉的大脑里有五个小人，乐乐、怕怕、怒怒、厌厌、忧忧，分别负责快乐、恐惧、愤怒、厌恶和悲伤情绪。

他们在小女孩莱莉大脑内的控制台上掌控着她的情绪反应。影片中每个角色都对忧忧保持警惕，认为她总会把事情搞砸，平添悲伤，所以不让她操作大脑，但压抑了太久的情绪，忧忧开始失去了控制。大脑不自觉地唤醒一些记忆，导致发生故障。

最后，在绝望中乐乐重新审视了快乐的记忆碎片，这才明白，原来带来快乐的源泉正是悲伤。当莱莉感到悲伤的时候，才敞开了心扉，获得了亲情和友情。最后乐乐主动让忧忧操作大脑控制台，忧忧解救了莱莉的混乱意识，使莱莉获得了真正的快乐。

💭 **心灵点拨：**

研究表明，当积极情绪和消极情绪的比例达到 3∶1 时，一个人的状态往往是最好的。每天都是积极情绪，没有负面情绪是不符合规律的。所以当情绪出现的时候，我们要先接纳它。

比如悲伤的时候，不要和它对着干，跟它握手言和，放慢节奏，觉察到自己正在经历悲伤的体验，倾听它的声音，它想告诉你什么，你有什么新的领悟和计划。

但是，觉察情绪、接纳情绪并不等于"我们被情绪所控制"，我们可以采用一些方法来管理情绪，减少情绪的影响。

三、管理情绪

💭 **心灵故事：**

如何管理情绪呢？我们看下面这个小故事。

从前，有一位老奶奶，她有两个儿子，大儿子卖雨伞，小儿子晒盐。天一下雨，老奶奶就发愁说："哎！下雨了，我小儿子没办法晒盐了！"天晴了，太阳出来了，老奶奶还是发愁说："这个大晴天，不会有人来买我大儿子的雨伞！"就这样，老奶奶一天到晚老是愁眉不展，吃不下饭，睡不好觉。

邻居见她一天天憔悴下去，想去开导她，如果你是老奶奶的邻居，你会怎么开导她呢？

💭 **心灵点拨：**

解决情绪困扰可以从心态调整和应对方法两个方面来进行，下面是同学们想出的一些好方法，你想到了吗？

有的同学劝导说：您真是好福气呀！一到下雨天，您大儿子的雨伞就卖得特别好，天一晴，您小儿子就能够晒好多盐，这样不管天晴还是下雨，您两儿子都有生意做，真让人羡慕呀！有的同学劝导说：儿孙自有儿孙福，您现在身体好、心情好就是对儿子们最大的帮助。这是心态方面的调整。

解决问题的具体方法有哪些？有的同学想到：雨天可以让两个儿子一起去卖雨伞，晴天的时候可以让两个儿子一起去晒盐。可以看出这个同学的团队协作意识比较强。也有的同学想到：晴天可以让大儿子去卖遮阳伞，雨天的时候可以采用高科技的方法来晒盐。可以看出这个同学很有创新意识。还有的同学运用促销手段，晴天的时候卖盐送雨伞，雨天的时候卖雨伞送盐。通过一个小小的案例故事，同学们可以开动脑筋，想出这么多方法，生活中的困境也是一样，解决问题的方法也会有很多种。

1.心态调整

一勺盐放在一杯水里，你会觉得很咸，可是放到湖水里，就感觉不到了。同样的道理，我们经常说的一句话：心胸小了事就大了，心胸大了事就小了。面对问题和痛苦，改变一些视角，接纳一些现实，理清一些思路，明确一些目标，增加一些行动。

要学会全面思维：

全面看：这方面不好，那方面会好；

相对看：不好中有好的成分；

发展看：现在不好，将来会好。

2.管理情绪的有效方法

（1）积极暗示法

每日积极自我暗示，落实到生活实处。同学们每天早上起床的时候都会有什么样的情绪和想法呢？又该如何积极自我暗示呢？每天早上，同学们可以根据自己实际需要进行积极暗示，例如今天是美好的一天，我为拥有年轻健康的生命而感恩，我的生命充满热情，我能够感受到周围人的关爱，能够和朋友友好交往，课堂上我能够积极发言，我要为我的人生目标积极努力。

（2）适度宣泄法

如果有不愉快的事情，不要憋在心里，在合适的场合采取适当的方法发泄出来，达到心理上的调节，可以向知心朋友倾诉，写日记，到运动场所打沙袋，选择合适的时间，在没人的地方呐喊、高声歌唱或哭泣。

（3）转移调控法

受到情绪的困扰，可以有意识地转移话题或做点别的事情来分散注意力，根据自己的喜好选择看电影、听音乐、玩游戏等娱乐活动，打球、游泳、跑步等体育运动、散步、逛街、旅游、阅读等休闲活动。

（4）放松训练法

过分紧张、烦恼、惧怕时，可采用深呼吸的方法，用鼻子深深地吸气，当气流到达腹腔后，从嘴巴慢慢地呼出，使自己的身心放松。还可加入积极自我暗示，如反复默念：我的心情微微愉悦，我的全身处于自然而然的放松状态，我可以取得活动的成功……还可以想象自己喜欢的场景，用胜利者的形象激励自己，并回忆过去成功的场景。

腹式呼吸法

现在我们一起放松一下吧！

把你的身体调整到最舒服的姿势，闭上眼睛，开始放松你的心情……

你发现你的内心很平静，好像已经进入另外一个让人放松的世界……远离了世俗、远离了喧嚣……现在，注意你的呼吸，很有规律地呼吸……鼻子深深地吸气，气流到达腹腔后，从嘴巴慢慢地呼出，每一次的呼吸，都会让你进入更深沉、更放松、更舒服的状态……

现在，继续深呼吸，请你慢慢地体验，就像躺在湖面随风荡漾的小船上一样，暖风徐徐吹过你的整个身体，还有一丝淡淡的水草的香味，你深深地陶醉在这片水波荡漾的美丽风景里，你觉得心胸特别宽广，心情特别愉快！全身的肌肉非常放松。好，请你慢慢体会一下这种放松后的感觉。你觉得舒服极了！现在你觉得浑身都充满了力量，心情特别愉快，你的头脑清醒、思维敏捷、反应灵活，现在我要唤醒你了，准备好了吗？请你慢慢睁开眼睛，你觉得头脑清醒、思维敏捷，浑身都充了力量，你听课的状态非常高效。同学们感觉怎么样？

另外，药物滥用、喝酒、吸烟、拼命去吃东西、疯狂购物，这些方法虽然能够将不良情绪发泄出去，但却是暂时的，以后反而可能带来新的更大的烦恼。

弱者任思绪控制行为，强者让行为控制思绪。沮丧时，我引吭高歌；恐惧时，我勇往直前；自卑时，我换上新装；不安时，我提高嗓音。

要坚信：我们可以掌控自己的情绪，做情绪的主人。

心灵图片

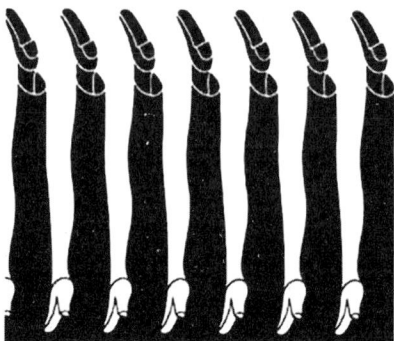

黑色鞋子还是白色鞋子？要学会全面地看到事物的优点和缺点。

心灵寄语

1. 发脾气是本能，控制脾气是本领。

2. 不能改变天气，但能改变心情。

不能改变别人，只能改变自己。

如果我不配合，没有人能让我生气。

3. 送你好心情：

好心情，会让阴雨连绵的日子出现阳光；

好心情，会让枯萎的花朵开放；

好心情，会让荒野踏出一条新的道路来；

好心情可以伴你飞翔、帮你航行、鼓起你的勇气、树立你的自信、结出属于你的那份果实。

让好心情伴我们一生！

心灵作业

用心发现生活的美好，每天列出快乐清单，写下每天发生的三件好事。这些好事不一定是生活中惊天动地的大事，可以是日常生活中常见的小事，比如读到一本好书，画了一幅让自己喜欢的画，听到一个好友的好消息，唱了一首喜欢的歌曲，等等。我们每天能够做三件好事则是更高的境界了。

心灵测验

你的情绪是否"过了火"

现实生活中有许多固执的人，需要注意的是，固执不同于偏执。适当的固执，为人平添一份可爱的"原则美"，而偏执往往容易把人生打成死结，伤害自己，也伤害他人。下面是一个检查偏执程度的小测试，快来检查一下你的情绪是否"过了火"！

1. 你对别人是否求全责备？

2. 你老是责怪别人制造麻烦？

3. 你感到大多数人不可信？

4. 你会有一些别人没有的想法和念头？

5. 你自己不能控制发脾气？

6. 你感到别人不理解你，不同情你？

7. 你认为别人对你的成绩没有作出恰当的评价？

8. 你老是感到别人想占你的便宜？

测试评分：没有（1分）；很轻（2分）；中等（3分）；偏重（4分）；严重（5分）

评分标准：总分10分以下不存在偏执情况，恭喜你，你是个心平气和的可爱的人。

15分至24分可能存在一定程度的偏执，如果总觉得环境不顺心，要注意警惕，原因可能是在自己哦！

25分以上，你有偏执的症状，要学会控制情绪，不要"过火"。另外，建议你遇到很大障碍时向心理医生求助。

心灵歌曲

《SHERO》

演唱：S.H.E

经典歌词：

陪自己 看烟火 陪着自己 去兜风

向软弱 说分手 自己旅行 自己梦

喝一罐 冰啤酒 灌溉久违的酒窝

……让笑容 回到双颊的粉红

在我的编年史中 写下了一个传说

要把 History 改写成 Herstory

在我的回忆录中 快乐要蔓延很久

那就今天开始建造我王国 我是女王一般的 SHERO

看不到 找不到 等不到 你的 HERO

为何不做自己 只手撑天的 SHERO

你可以 我可以 为自己赴汤蹈火 不再退缩

第五节　积极心态，乐观前行

🌼 心灵游戏

风中劲草

💗 规则：

由一位做"小草"的队员站在圆心位置，其他队员以1米为半径面向圆心站成一圈。当中的队员身体绷直向后斜倾并以脚跟着地，周围的队员通过手上的推揉动作使其旋转起来一周。

💗 我分享，我快乐：

1. 该游戏最难的地方是那里？下次你会怎么改进？

2. 你做"小草"的时候，你的感觉是怎么样的？

3. 作为团队成员，你的心里是什么感觉？

4. 在活动过程中，你感觉团队的合作精神怎样？是否有信任感？

💗 心灵感悟：

团队的信任、关怀与激励是活动的目标。

信任是"相信并敢于托付"，能放心倒下去的人是能够信任别人的人，而能接住别人的人是被人信任的人。要想被人信任，首先应先信任别人。这种相互信任可以延伸到与人交往的方方面面。

在人际交往中，我们有一个共同的愿望，就是希望别人能够接纳自己、喜欢自己、支持自己。但是任何人都不会无缘无故地接纳我们、喜欢我们。别人喜欢我们是有前提的，那就是我们首先要敞开心扉，喜欢他们。要想被人尊重，首先应尊重别人；要想被人关心，首先应关心别人。

✿ 心灵图片

注意力等于事实

首先，我们观看下面这两张图片，同学们第一反应看到了什么？

💟 **心灵点拨：**

是花瓶还是人脸，是美女还是怪兽？大脑的容量很大，但是在瞬间能关注到的信息是有限的，你的注意力等于你感受到的事实，就像这两张图片一样，你关注到一种事物，另外的事物就被忽略掉了。我们在生活中每个人都会经历很多事情，每件事都会有积极的一面，也会有消极的一面，问问自己，我们眼中的世界是积极的方面多一些，还是消极的方面多一些？

然后我们观看上面这张图片。一对夫妻开车回家的路上，妻子开车不小心撞上了

消防栓，车翻了。但确认双方只是皮肉伤之后，他们在报废的车前拍了张合照来纪念！很多夫妻面对这个场景会互相埋怨，你怎么这么不小心？看不到消防栓吗？另一方也会发起攻击：为什么你不提醒我，你没有责任吗？而这对夫妻能够在此刻拍照，又能露出笑容，我们猜猜此刻，他们是怎么想的呢？

有的同学想到：他们只是皮肉伤，还有健康的生命，这就是万幸。大难不死必有后福。有的同学想到：用照片发了朋友圈，还能得到家人和朋友的关心。有的同学想到：车子报废了，可以借机换辆新车。也有的同学想到：通过这个事件，可以提升安全意识，以后开车要更加小心。

💗 心灵点拨：

同样的事物，不同的人看到了它不同的侧面，有了不同的感受。其实不是生活给了我们喜怒哀乐，而是我们对待生活的态度决定了自己的情绪和行为。这就体现了情绪 ABC 理论的内容。

✳ 心知探索

一、情绪 ABC 理论

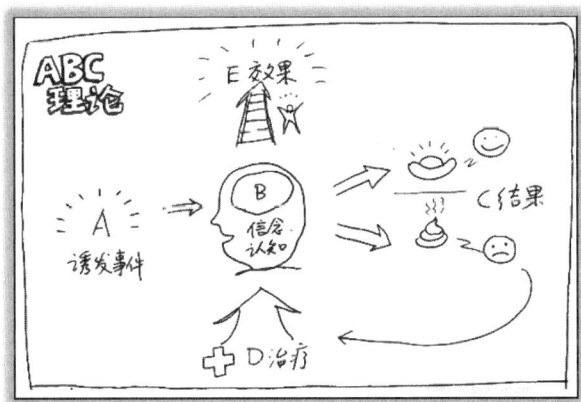

遭遇同样一个事件，由于个体对于该事件的不同的认知评价，就会出现不同的情绪反应。

A 是导致个体情绪困扰的外在事件。B 是对事件解释、评价的观念体系。C 是个体观念体系导致的情绪和行为结果。所以事件与情绪并非直接相关，而是与当事人对事件的看法有关。

我们的烦恼，不是源于我们的遭遇，而是源于我们对世界的感受和看法！把注意力放在美好的方面。调控注意力就像控制摄像机的镜头一样。如果你把镜头对准垃圾，你自然会得到一堆有关垃圾的照片；如果你把镜头对准鲜花，那么你将得到无数鲜艳的花朵。

积极乐观地看待事情，看到生活中的美好，会让我们感到快乐，也会产生积极的行为。生活到底是糟糕的还是美好的，其实是我们自己的选择。

💟 心灵故事：

故事一：有趣的解梦

古时有一位国王，梦见：山倒了，水枯了，花也谢了。便叫王后给他解梦。王后说："大势不好，山倒了指江山要倒；水枯了指民众离心，君是舟，民是水，水枯了，舟也不能行了；花谢了，指好景不长。"国王惊出一身冷汗，因此患病，且越来越重。一位大臣参见国王时，国王在病榻上说出他的心事，哪知大臣一听，大笑说："太好了，山倒了指从此天下太平，水枯了指真龙现身，国王，你是真龙天子；花谢了，花谢了见果子呀！"国王听后全身轻松，很快痊愈了。

故事二：棺材和官财

古时候，有两个秀才一起去赶考，路上他们遇到了一支出殡的队伍。看到那一口黑乎乎的棺材，其中一个秀才心里立即"咯噔"一下，凉了半截，心想：完了，真触霉头，赶考的日子居然碰到这倒霉的棺材。于是，心情一落千丈，走进考场，那个"黑乎乎的棺材"一直在头脑中挥之不去，结果文思枯竭，果然名落孙山。另一个秀才也同时看到了，一开始心里也"咯噔"了一下，但转念一想：棺材，棺材，噢！那不就是有"官"又有"财"吗？好，好兆头，看来今天我要鸿运当头，一定考中。于是他十分兴奋，情绪高涨地走进考场，文思如泉涌，果然一举考中。回到家里，两人都对家人说：那棺材真的好灵。无疑第一个秀才拥有消极的心态，而第二个秀才拥有积极的心态。

💟 心灵点拨：

生命的质量取决于你每天的心态。你用什么态度去看待世界，你就会得到什么样的世界。

心态改变了，情绪就跟着改变；情绪改变了，行为就跟着改变；行为改变了，性格就跟着改变；性格改变了，人生就跟着改变。

二、调适方法

习近平总书记在党的十九大报告中提出：要加强社会心理服务建设，培养自尊自信、理性平和、积极向上的社会心态。

可见，积极心态如此重要，以下两种调适方法可以帮助我们更加积极乐观。

1.虽然_____，但是_____。

写下所有让你困扰的事情：

（1）_____（事情），让你有点紧张。

（2）_____（事情），让你有些焦虑。

（3）_____（事情），让你有些压力。

（4）_____（事情），让你有点苦恼。

（5）_____（事情），让你没办法解决。

那些让你没法轻松的事情，我们改变一下态度：

虽然<u>要上台前演讲</u>，但是<u>我多少做些了准备，其实也没有想象中那么紧张</u>。

虽然<u>被老师批评</u>，但是<u>这次的错误下次不会再发生了，其实也没有想象中那么焦虑</u>。

虽然_____（事情），但是_____，其实没有想象中那么有压力。

虽然_____（事情），但是_____，其实这件事情也挺好的。

虽然_____（事情），但是_____，事情终究会解决的。

2.乐观三部曲

第一步，我要这样看待问题（幸亏没有更糟）。

分析一下这件事情，这一定是最糟糕的情况吗？还有哪些可能的更糟糕的结果？

第二步，我要这样肯定自己（我还是很棒的）。

这件事情发生之后，有什么值得肯定的地方？不要因为一次的事件而全面否定自己。

第三步，我要这样完善自己（我要利用这件事）。

从这件事中可以得到哪些启示？找到应该注意的地方，避免下次再发生类似的事件。

最后我们可以总结出，在遇到烦恼的时候可以这样想：

幸亏没有更糟，我还是很棒的，我要利用这件事，做个乐观大师！

很多同学因为中考失利而产生自卑心理，一个同学用乐观三部曲做了练习。

第一步，我要这样看待问题。

虽然没有考上高中，但是我还能够上这么好的中职学校，遇到我喜欢的老师和同学们。

第二步，我要肯定自己。

我来到新的学校学习，我很想好好学习，不想被别人看不起，我在努力。

第三步，我要完善自己。

通过中考没有考好的事件，我要吸取教训，平时更努力一些，找到适合自己的学习方法，合理使用手机，三百六十行，行行出状元，我要早日实现我的职业目标。

三、积极地自我暗示，不断输入正能量

自我暗示会告诉你注意什么、追求什么、致力于什么和怎样行动，因而它能支配影响你的行为。这是每个人都拥有的一个看不见的法宝。

美国斯史丹大学的一项研究证明，人大脑里的某一个图像会像实际情况那样刺激人的神经系统，比如当一个高尔夫选手打球前一再告诫自己"不要把球打到水里"时，他的大脑里就会出现"球掉进水里"的情景，而结果往往事与愿违，这时候球大多会掉进水里。

认为"我可以做到"是成功的信念基础。前世界重量级拳王佛雷塞，每逢比赛前夕，会在寝室天花板上贴一张"Yes，I can！"的激励语，意味着他必定胜利。他求学时代，考试前也是在书房的墙上贴"及格""必胜"等激励语句，早晚看一遍，以增强信心和勉励自己。让自己觉得一定会成功，从而充满信心去应战。采用这种方法，"即使受到对手强有力的一击而被打倒，想到这些语句，仍会产生不可思议的反击力量"。

所以自我暗示要用积极正向的词语，如"我具有强大的行动力""我能实现自己的美好愿望"，等等，可以默不作声地进行，也可以大声地说出来，还可以在纸上写下来，更可以歌唱或吟诵，每天只要十分钟有效的肯定练习，就能抵消我们许多年的思

想习惯。我们越经常性地意识到我们正在告诉自己的一切，选择积极的语言和概念，我们就越能够容易地创造出一个积极的现实。

心态可以完全掌握在我们自己的手中，因为"生命中有一件东西任何人都无法从你身上夺去，那就是你对所有事情所作出的回应"。

当我们转换一种眼光，我们的世界就换了一种景象，我们的生活会发生变化。

从今天起，让我们一起积极乐观地看待世界，发现生活中的美好，微笑着面对生活，对未来充满希望！

✦ 心灵图片

不同的聚焦有不同的结果，你的信念是一副眼镜，它决定了你看到的世界是什么样子，控制着你的情绪和行为！

✦ 心灵寄语

没有不开心的事，只有不智慧的人。

快乐与不快乐，完全是由自己的想法决定。

积极的人，像太阳，照到哪里哪里亮；消极的人，像月亮，初一十五不一样。想法决定我们的生活，有什么样的想法，就有什么样的未来。

生活好比一面镜子，你对它笑，它就笑，你对它哭，它就哭。

心灵作业

结合自己生活中的不如意，用我们今天学到的方法改变自己的认知。

1. 我最怕数学，因为我天生缺少"数学细胞"，缺少逻辑思维能力。

2. 我不敢在众人面前讲话，所以我是一个胆小怯懦的人。

3. 我从未当过班干部，说明我没有这方面的能力。

4. 我的个子矮，别人肯定瞧不起我。

心灵歌曲

《侠客行》

演唱：于霞、刘铁营

经典歌词：

这世界真的也许有太多的你不如意，可你的生活虽然坎坎坷坷，仍在继续

希望就住在你的心底，愿你勤勤恳恳，善待别人，关心自己

美好的日子等你

呛呛 cei，呛呛 cei，拿出勇气让我看，要向上看不向下看

要向前看，不向后看，要向好看，不向坏看，

这世界有太多不如意，但你的生活还是要继续

太阳每天依旧要升起，希望永远种在你心里

第六节　直面困难，战胜挫折

🌸 心灵游戏

共同进退

💗 **规则：**

1. 把全班分为三组，每个小组所有人排成一队，肩并着肩，双脚距离与肩距离同宽。

2. 相邻两个人的两只脚的脚跟对齐，两脚紧紧相贴。

3. 所有人，从起点线走向终点线。若两只脚紧紧相贴的情况松开，共同退到起点，重新出发。

💗 **我分享，我快乐：**

1. 当遇到困难和挫折时，你的心态如何？中间你有想过要放弃吗？

2. 当小组发现目标设置不妥时，你们是怎么想的，最后作出什么调整？

💗 **心灵感悟：**

1. 有了蚌壳毕生心血的磨砺，才有珍珠的光彩夺目；有了蝶蛹漫长的孕育，才有蝴蝶飞舞花间的婀娜。当团队遇到困难和挫折时，大家要抱着"不抛弃、不放弃、不抱怨"的心态来应对挑战。

2. 任务的完成不能仅依靠某个人的力量，而是必须建立在大家合作的基础上，而沟通正是这基础的基础。通过不断沟通，确定口号，步伐统一，思想一致，任务才能高效完成。

3. 不为失败找理由，要为成功找方法，过程中要不断总结提升。

心灵案例

马云的挫折经历

马云，1964 年 9 月 10 日生于浙江省杭州市，阿里巴巴集团主要创始人。2019 年，马云以 2600 亿元资产成为全球华人首富。其曾身兼多职，如阿里巴巴集团董事局主席、日本软银董事、TNC（大自然保护协会）中国理事会主席兼全球董事会成员、华谊兄弟董事、生命科学突破奖基金会董事。

12 岁时，马云买了一台袖珍收音机，从此每天听英文广播，对英语开始感兴趣。13 岁起，马云因为打架记过太多，曾被迫转学到杭州八中。之后马云参加中考，考了两年才考上一所极其普通的高中，其中一次数学只得了 31 分。

1982 年马云第一次参加高考。他填报的是北京大学。但是他的数学只考了 1 分。第一次高考落榜后，说实话，马云是很灰心丧气的，他认为自己根本不是考大学那块料，于是他开始四处打零工谋生计。

他每天踩着一辆装满货物的笨重的三轮车，在崎岖不平的路上吃力地骑行。18 岁的马云常常望着前方，茫然不知所措，难道自己这一辈子就只能当这样一个踩三轮的"骆驼祥子"？他不甘心，他当然不甘心！

有一次，马云踩着三轮去给一家文化单位运书。在金华火车站的候车室里，他捡到了一本书——作家路遥的中篇小说《人生》。《人生》里高加林的故事深深感染了他。他从此明白了一个道理：人生之路，不仅是漫长的，更是充满坎坷曲折的，若要有所成就，必将经历一番磨炼。

在经过一番深入思考之后，他决定再战高考。他开始了勤奋的学习。1983 年，19 岁的马云第二次参加了高考。这一次，他满怀信心。但是老天偏偏喜欢跟他开玩笑，他再次惨败，数学只考了 19 分。

成绩出来之后，父母都对他不再抱什么希望，认为这孩子注定不是考大学的料，劝他安安心心学点手艺，当个临时工，混口饭吃。但是马云仍不甘心，他不甘心一辈子只当个临时工，他要考大学，他明白只有考大学才能改变他的命运。由于父母不再支持他考大学，他只有边打工边复习。那时他常常跑到浙江大学图书馆去学习。

1984 年，20 岁的马云第三次参加高考。考数学的时候，靠 10 个死记硬背的公式，他一道题一道题地去套，结果这一套，居然套出了79分（当时数学满分是120分，72分及格），在马云的数学考试史上，这个分数绝对是破天荒的伟大成就。马云非常幸运地考上了杭州师范学院，成为外语系的一名本科生。

进入大学后，马云变成了品学兼优的好学生，凭借出色的英语成绩稳坐外语系前五名。之后马云当选学生会主席，后来还担任了两届杭州市学联主席。

求学期间，他考高中失败两次，考大学失败三次。曾向哈佛大学递交10次入学申请，无一例外被拒绝。求职期间，他参加过30多次面试，都以失败告终。应聘警察，5个人里录取了4个，他是唯一被拒绝的。应聘肯德基服务员，24个人面试，录取了23个人，他又是唯一被拒绝的。连续4次创业失败，最少时银行账户里只有200元。今天，这个阿里巴巴的创始人马云是全球商界领神、顶级富豪之一。

💗 我分享，我快乐：

1. 马云经历了哪些方面的挫折？他经历的挫折和他以后的成功有无关联？为什么？

2. 马云在两次高考失败后为什么还要继续参加高考？

💗 心灵点拨：

1. 马云经历了求学、求职和创业方面的挫折，正如美国作家罗威尔所说："人世中不幸的事如同一把刀，它可以为我们所用，也可以把我们割伤。那要看你握住的是刀刃还是刀柄。"马云正是总结了这些挫折经验，有了坚定的意志和强大的内心，进而奋起努力，知难而进，持之以恒，最后取得成功。

2. 大学不仅能学习知识和技能，而且在学校期间所受的熏陶，能够让我们开阔视野、积累经验、增长见识。将来我们的人生，不一定和自己所学的专业相关，但一定和我们大学的经历相关。

大学教育不仅让我们拥有了一纸学历，还让我们的人生有了更多选择。

✿ **心知探索**

一、正确认识挫折

1. 挫折的含义

在生活中，人人都希望走一条平坦的路，但人生不可能是一帆风顺的，有成功，也有失败，有顺境，也有逆境。

挫折原指挫败、阻挠、障碍的意思，《管子》载"兵挫而地削"，挫折最开始常用于兵家失利。

心理学将挫折定义为一种情绪状态。即人在从事有目的的活动中，遇到干扰或阻碍，致使预定目标不能实现，与之相应的需要得不到满足时产生的一种心理紧张状态和情绪反应。

2. 构成挫折的要素

挫折包括三个方面的要素：

一是挫折情境，指对人们的有动机、目的的活动造成的内外障碍或干扰的情境状态或条件，构成刺激情境的可能是人或物，也可能是各种自然、社会环境；

二是挫折认知，指对挫折情境的知觉、认识和评价；

三是挫折反应，指个体在挫折情境下所产生的烦恼、困惑、焦虑、愤怒等负面情绪交织而成的心理感受，即挫折感。

其中，挫折认知是核心因素，挫折反应的性质及程度主要取决于挫折认知。

医院是一个什么样的地方？不同的人会有不同的答案，也会产生不同的情绪行为。

所以挫折反应的性质、程度主要取决于个体对挫折情境的认知。对某人构成挫折的情境和事件，对其他人不一定构成挫折，这就是个体感受的差异。正如巴尔扎克所说："世上的事情，永远不是绝对的，结果完全因人而异。"

3. 挫折的特性

（1）普遍性

挫折是普遍存在的（普通人有、名人也有），挫折与生活相伴，人生就如同股市一样，没有一帆风顺，只有曲曲折折。人的一生会经历大大小小的逆境、不如意甚至磨难。

（2）多样性

挫折是多种多样的，包括个人能力无法克服的自然灾害，如天灾人祸、生老病死、地震山崩等，也包括家庭关系破裂、学习比赛失利、人际交往冲突等社会因素。

二、正确应对挫折

1. 不要害怕挫折

应该以什么样的心态来面对挫折？

有一位母亲是这样教育儿子的。她告诉儿子，不要把困难看成困难。"那把它看成什么呢？"儿子问。"把它看成你平时最爱玩的电子游戏中的那些怪兽，当它来的时候，你不要怕。你只需要用力地打它，打败它。你甚至可以想：呃，又有得玩了。你玩游戏的时候，不是越大的怪兽越刺激越好玩吗？""如果我打不过它，失败了怎么办呢？""那又有什么关系呢，你平时是怎么做的？不就是重新开始游戏。再玩一次吗？"

2. 要有坚强不屈、永不放弃、乐观自信的精神

《孟子·告子下》中提到：天将降大任于是人也，必先苦其心志，劳其筋骨，饿其体肤，空乏其身，行拂乱其所为，所以动心忍性，曾益其所不能。没有人可以轻轻松松地成功，要有所成就必然会遭遇到挫折，我们要有坚强不屈、永不放弃、乐观自信的精神。

对待挫折，弱者把它当作一堵墙，而强者把它当作一架梯子。

理智分析原因，从困境中看到希望，从失败中领悟教训，积极应对，乐观前行。改变认知，从而改变情感，最后改变行为。

3. 采用调节心情的方法

采用调节心情的方法可以减少挫折的消极影响，调节心情的具体做法有哪些呢？

（1）发泄法：大声歌唱、呐喊，写日记等。

（2）转移法：参加体育活动、休闲活动。

（3）换位法：想想别人遇到此事，会怎样做？想出更多的应对问题的方法。

（4）安慰法：塞翁失马，焉知非福。

（5）求助法：找人倾诉，寻求帮助。

4.读出挫折的美丽

挫折是一把双刃剑，遇到挫折我们不妨换一个角度来思考，就会呈现出另一番天空。挫折也有很多积极作用：如增长人的聪明才智、激发人的进取精神、磨砺人的意志、积累人生经验、走向成熟等。

打不死的磨难是一笔宝贵的财富；有了问题怎么办？把问题当成锻炼、成长的机会，学会享受解决问题的过程。人生难免有挫折，读出挫折的美丽，人生是个大舞台。

💗 **心灵案例：**

美国心理学家罗杰斯曾觉得自己是最孤独的人，但当他面对这个事实并化解后，他成了真正的人际关系大师；美国心理学家弗兰克有一个暴虐而酗酒的继父和一个糟糕的母亲，但当他面对这个事实并最终从心中原谅了父母后，他成了治疗这方面问题的专家；日本心理学家森田正马曾是严重的神经症患者，但他通过面对这个事实并最终发明出了森田疗法。他们生命中最痛苦的事实最后都变成了他们最重要的财富。

💗 **心灵点拨：**

阴影和光明一样，都是人生的财富，任何经历都是宝贵的财富。苦难的经历并不是我们博得别人同情的资本，勇敢地面对它、化解它、超越它，最后和它达成和解，从苦难中成长。

💗 **心灵故事：**

塞翁失马，焉知祸福

有一个智者，他的一匹马丢了，邻居说你真倒霉，智者回答，是好是坏还不知道呢。

不久丢失的马领着一匹野马回来了，邻居说，你太幸运了，多了一匹马，智者回答，是好是坏还不知道呢。

智者的儿子骑野马，从马上摔下来，腿摔断了，邻居说，你真倒霉，就这么一个儿子，腿还断了，智者回答，是好是坏还不知道呢。

过一段时间，皇帝征兵，胳膊腿健全的年轻人都在战场上被杀死了，智者的儿子由于腿断了不能打仗，未被征兵而活下来。

💗 **心灵点拨：**

福兮祸之所伏，祸兮福之所依。世界上没有绝对的好坏，任何事情都是有存在意义的，跳出对立思维模式，用全面的、发展的眼光看待挫折。

不是烦恼太多，而是我们心胸不够开阔。不是幸福太少，而是我们还不懂得生活。快乐时唱支歌，忧愁时写首诗，无论上苍给予我们怎样的待遇，生命总是美丽的。

🌟 心灵图片

不同的角度，你看到的一样吗？

🌟 心灵寄语

人生旅途往往险峻崎岖，人生不如意事十有八九，我们要常想一二。

失败也是我所需要的，它和成功对我一样有价值。

当你遇到挫折时，请把它当作机会；当你遇到失败时，请把它当作成功的起点！

花开在春天，因为它经历了冬的萧索。成功姗姗来迟，因为它需要挫折的磨炼。

心灵测验

挫折承受力测试

每个人都会面临失败和竞争，人的心理承受能力越高，挫折带给他的消极作用越小。相反，如果心理承受能力低，必然会使自己处于一种不利的状态下，影响自己的学习和进步。你的挫折承受能力如何呢？测验一下吧！

如果你觉得下列句子的描述与你的情况相比，非常符合，记 1 分；有点符合，记 2 分；无法确定，记 3 分；不太符合，记 4 分；很不符合，记 5 分。最后把得分加起来。

题目：

1. 我总忘不了过去的错误。

2. 白天学习或工作不顺利，会影响我整个晚上的心情。

3. 汽车经过时溅了我一身泥水，我生气一会儿便算了。

4. 如果某人擅自动用我的东西，我会气上一段时间。

5. 如果不是因为几次倒霉，我一定比现在成功。

6. 我受不了被他人批评的羞辱。

7. 如果向所喜欢的人表达好感被拒绝，我一定会精神崩溃。

8. 学习落在后面，常使我提不起精神。

9. 在我生命中，我已有过失败的教训。

10. 我对侮辱很在意。

11. 过负债累累的日子，想都不敢想。

12. 找不着钥匙会使我整个星期都感到不安。

13. 我的生活中，常常有些令人沮丧气馁的日子。

14. 如果周末过得不愉快，星期一便难集中精力学习。

15. 我已达到能够不介意大多数事情的程度。

16. 想到可能无法按时完成某项重要的任务，会使我不寒而栗。

17. 我很少心灰意冷。

18. 我很少为昨天发生的事情烦心。

19. 偶尔做个失败者，我也能坦然接受。

20. 我对他人的恨会维持很长一段时间。

挫折承受力测试评分标准：

20—58 分：说明你的抗挫折能力较低，平时在生活中要注意调节自己的心态，训练自己从积极角度看问题。搜集一些面对困难和挫折的调节方法，坚持学以致用。发现问题，等于解决了问题的一半，赶快行动吧，你会发现生活中处处有阳光。

59—71 分：表明你的抗挫折能力属于中等水平。如果遇到问题，能够有意识地积极应对和调节，抗挫折能力提高空间很大。

72—100 分：表明你的抗挫折能力还是很不错的，请继续保持，如果再加上反思能力和执行能力，你会大有作为。

心灵歌曲

《阳光总在风雨后》

演唱：许美静

经典歌词：

人生路上甜苦和喜忧

愿意与你分担所有

难免曾经跌倒和等候

要勇敢地抬头

阳光总在风雨后

乌云上有晴空

珍惜所有的感动

每一份希望在你手中

阳光总在风雨后

请相信有彩虹

风风雨雨都接受

我一直会在你的左右

第七节　用爱交流，用心沟通

🌸 心灵游戏

无声数字

💬 **规则：**

1. 所有的同学列队分组，每组6人左右，每人将得到一个数字。

2. 全体同学戴上眼罩，在暂时失去视觉和语言能力的情况下（不允许跺脚、拍手），将自己手中的数字按照从小到大的顺序或从大到小的顺序，依次排列。

3. 从活动开始到宣布活动结束，全过程所有的人不能摘下眼罩，不能说话。

4. 活动完成后每个人要举手示意任务完成。

5. 活动开始前有5分钟团队讨论时间；完成任务时间是10分钟，规定的时间内不能完成此项目宣布任务失败。

💬 **我分享，我快乐：**

1. 你认为在完成项目时，需要克服的最大的困难是什么？

2. 大家认为在活动中应该如何沟通？你自己是怎样做的？

3. 当环境有限制的时候，应该用怎样的心态去面对和解决问题？

💬 **心灵感悟：**

1. 在环境受到限制时，视觉和语言能力的丧失对于我们的沟通造成了很大的阻碍。去改变原有的沟通方式，突破自我局限是解决问题的最有效途径。

2. 沟通有言语沟通和肢体语言沟通两种形式，言语沟通更利于信息的传递，肢体语言沟通更利于传达情感。

3. 只有一条路不能选择——那就是放弃的路；只有一条路不能拒绝——那就是成长的路。面对困难应有积极心态、获取胜利的信心和勇于向前的精神。

心知探索

一、沟通的含义及意义

1. 沟通的含义

沟通是人与人之间传递信息、传播思想、传达情感的过程。

2. 沟通的意义

（1）沟通无处不在，可满足内心表达的需求

亲子不沟通，孩子变成街头游童；

夫妻不沟通，双人枕头同床异梦；

朋友不沟通，鸡同鸭讲关系疏松；

师生不沟通，校园悲剧层出不穷；

劳资不沟通，伙计员工引起内讧；

同事不沟通，工作学习做无用工；

我们不沟通，大好前程自己葬送。

沟通就像吃饭睡觉一样，我们每个人都有沟通的需求，沟通是我们生活中必不可少的部分。

（2）沟通是一个人事业成功的重要因素

石油大王洛克菲勒说："假如人际沟通能力也是同糖或咖啡一样的商品的话，我愿意付出比太阳底下任何东西都珍贵的价格购买这种能力。"沟通是成就一生的首要能力，拿破仑·希尔曾说过："如果你想成为一个不平凡的人，就要学会怎样推销自己。"

社会上经常存在三种人：只肯做不愿说的人，不肯做只会说的人，既肯做又能说的人。想想看在这个竞争激烈的时代，哪类人更容易脱颖而出呢？

当然是第三种人，只有那些能够积极推销和表达自己的且有真才实学的人才能出类拔萃、一展宏图。与他人进行良好的沟通，能为他人所理解，得到必要的信息，获得他人的鼎力相助。

（3）改善人际关系

心理学家阿德勒曾说过：一切烦恼都源自人际关系。人们可以通过沟通分享彼此

的情感，消除误会，增进了解，达成共识。

二、沟通技巧

与他人进行沟通，仅仅有良好的意愿是不行的，也要掌握一定的沟通技巧。

1. 三思而后"言"

有一个关于沟通的小笑话：一个人请了甲、乙、丙、丁四个人吃饭，临近吃饭的时间了，丁迟迟未来。

这个人着急了，一句话就顺口而出："该来的怎么还不来？"甲听到这话，不高兴了："看来我是不该来的！"于是就告辞了。

这个人很后悔自己说错了话，连忙对乙、丙解释说："不该走的怎么走了？"乙心想："原来该走的是我。"于是乙也走了。

这时候，丙对他说"你真不会说话，把客人都气走了。"那人辩解说："我说的又不是他们。"丙一听，心想："这里只剩我一个人了，原来是说我啊！"也生气地走了。

💗心灵点拨：

"病从口入，祸从口出"。为了避免说出不恰当的话，在说话前先想清楚，"如果别人对我这样说，我会有什么感觉？""我说的话，是不是会冒犯到对方？"……

沟通时能够站在对方的角度上思考一下，说错话的概率就会低很多。

2. 准确表达

笑话《黑人的愿望》

有一个黑人，在沙漠中走了三天三夜，又渴又饿，突然他发现了一个神灯，他惊讶地对神灯说："神灯啊，神灯，你听见我的声音了吗？"神灯真的冒了一阵烟后说："主人啊，是您救了我，我可以满足您三个愿望。"黑人欣喜若狂，马上就想出了三个愿望：一是我要水，我要天天喝水；二是我要变白；三是……

还没等说出第三个愿望，黑人居然变成了一只白色的马桶。

💗 **心灵点拨：**

沟通是一个信息交流的过程。信息发送者清晰地表达信息的内涵，以便信息接收者能确切理解。如果双方所掌握的信息不足，将大大降低沟通效果。因此，沟通时，一定要确保发出的信息准确而又完整。同时沟通又是一个双向的互动的过程。我们要有意识地增加双方的信息交流和感情沟通，不断反馈、调节沟通方式，才能达到沟通的最佳效果。

💗 **心灵故事：**

有一个秀才去买柴，他对卖柴的人说："荷薪者过来！"卖柴的人听不懂"荷薪者"（担柴的人）三个字，但是听得懂"过来"两个字，于是把柴担到秀才前面。

秀才问他："其价如何？"卖柴的人听不太懂这句话，但是听得懂"价"这个字，于是就告诉秀才价钱。秀才接着说："外实而内虚，烟多而焰少，请损之（你的木材外表是干的，里头却是湿的，燃烧起来，会浓烟多而火焰小，请减些价钱吧）。"卖柴的人因为听不懂秀才的话，于是担着柴就走了。

💗 **心灵点拨：**

沟通时最好用简单的语言、易懂的言词来传达信息，而且对于说话的对象、时机要有所掌握，有时过分的修饰反而达不到想要沟通的目的。

3. 善于倾听

绝大多数人天生就有听力（听得见声音的能力），但善于倾听的能力则是需要后天学习才会具备的。倾听并不只是单纯听对方说话，而是去了解对方的想法、感受。

💗 **心灵故事：**

古时候曾经有个小国的人到中国来，进贡了三个一模一样的金人，把皇帝高兴坏了。可是这小国的人不厚道，同时出了一道题目：这三个金人哪个最有价值？皇帝想了许多办法，请来珠宝匠检查，称重量，看做工，都是一模一样的。

怎么办？使者还等着回去汇报呢。泱泱大国，不会连这点小事都不懂吧？最后，有一位退休的老大臣说他有办法。皇帝将使者请到大殿，老臣胸有成竹地拿着三根稻草，插入第一个金人的耳朵里，这稻草从另一边耳朵出来了。第二个金人的稻草从嘴巴里直接掉出来，而第三个金人，稻草进去后掉进了肚子，什么响动也没有。老臣说：第三个金人最有价值！使者默默无语，答案正确。

💗 **心灵点拨：**

最有价值的人，不一定是最能说的人。老天给我们每个人两只耳朵一个嘴巴，本来就是让我们多听少说的。有人统计：工作中每天有四分之三的时间花在言语沟通上，其中有一半以上的时间是用来倾听的。接待员要弄清楚来访者希望见谁，销售员要了解客户的需求，下属要理解领导的真正意图……这些，都离不开倾听。

子曰："不患人之不己知，患不知人也。"意思是不要怕别人不了解自己，只怕自己不了解别人。倾听能让你了解你的沟通对象想要什么，什么能够让他们感到满足，什么会伤害或激怒他们。

倾听是一项技巧，有助于你圆满地解决问题；倾听是一种修养，让人觉得你很谦虚；倾听是一门艺术，让你了解更多美好。

💗 **倾听的技巧：**

（1）保持适度的目光接触，可以集中注意力，还可以看清楚说话者的脸部表情跟肢体语言。

（2）适当的点头赞许和恰当的面部表情可以表示你有把对方的话听进去。

（3）避免分心或不耐烦的小动作。

（4）适时地提出问题，如"然后呢？""还有什么？"可使对方感到你在全神贯注地倾听。

（5）不要多说或中间打断对方。

4.善用非言语信息

人无法靠一句话来沟通，总是得靠整个人来沟通。因此，要非常注重非语言信息的表达，如眼神、声调、面部表情、身体姿势、手势等。

停下手中正在做的事，身体面向对方，并适当地前倾，对方可以感觉到你在洗耳恭听；保持目光接触，表示对对方所说的话感兴趣；面部表情随对方所说内容而发生变化；利用积极的面部表情和头部运动，如微笑、点头、扬眉等；避免双手交叉在胸前，表达对对方话题的接纳态度等。

5. 非暴力沟通

（1）暴力语言会变成武器

俗话说：良言一句三冬暖，恶语伤人六月寒。主持人董卿在《主持人大赛》中说过一句话："伤害他人，有时候也意味着毁灭自己，枪响之后，没有赢家。"

情绪是可以伤人的，破坏的是沟通氛围和环境。语言是可以杀人的，胜过行为的暴力！有些话我们不经意间记一辈子，伤的是心！

语言暴力一般是指使用谩骂、诋毁、蔑视、嘲笑等污辱对方的语言，致使对方精神上和心理上遭到侵犯与损害，属精神伤害的范畴。需要指出的是，这样的精神伤害，往往是造成暴力行为和更大的伤害他人行为的诱因。从当下的不少恶性事件来看，至少事件的起因很大一部分是语言暴力。

（2）非暴力沟通的四要素

观察：把你所看到、听到、感觉到的事情原本地展现出来，要点是清楚表达结果，而不是加上自己的主观评判。当我（看到、听到）……

感受：看见发生事情后自己内心的真实感受。我感到……

需要：说出哪些需要导致那样的感受。因为我需要 / 看重……

请求：希望能有哪些方面的改善。你是否愿意……

沟通需要用心去体会、揣摩，还要在生活中实践。假如朋友约会迟到半个小时，你见到他很气愤，指责他："每次约会都迟到，你为什么不考虑我的感受？"当你指责对方时，也会引起他负面的情绪，他会变成一只刺猬，忙着防御外来的攻击，没有办法站在你的立场为你着想，他的反应可能是："路上塞车嘛！有什么办法？你以为我不想准时吗？"如此一来，两人开始吵架，别提什么愉快的约会了。

如果采用非暴力沟通的方式，你可以这样告诉他："过了约定的时间，你还没到，我很焦虑，担心你在路上发生什么意外，我希望你下次早点来。"试着把"我好担心"的感觉传达给他，让他了解他的迟到会带给你不愉快的感受。

6. 共情能力

共情是对他人内心世界有准确的、如亲身体验般的理解。能够站在对方的角度，设想如果自己有着与对方同样的经历，会有怎样的情感情绪，试着去真正理解对方的感受。

例如：你看起来很委屈，我明白，我理解，如果我是你，也会很难过。想哭就哭出来吧，也许会舒服一些，放心，我会陪着你（只需要静静地陪伴！）

再例如：你看起来很生气，真是，如果当时是我，我也会很生气，喝口水消消气，当你慢慢平静下来时，可以跟我说说吗？到底发生了什么，看我能不能帮帮你。你看我是这样想的……

以大华数学没有考好为例，看看下面两种回答有何不同。

大华："考试成绩出来了，我数学才考了 70 分，真倒霉！"

刚宇："我也很少，丢死人了。"

大华："完了，本来答应爸爸要考好的，看来是没有指望了。爸爸本来说带我出去旅游的，你说他还会带我去吗？"

刚宇："我语文 90，数学 87，英语 85，化学 84，就是物理太差。我一直学不好物理，我讨厌那个物理老师。"

这样的对话没有体现出共情，犹如天对地讲、鸡同鸭讲，再来看看另一种回答。

大华："考试成绩下来了，我数学才考了 70 分，真倒霉！"

刚宇："好像你对自己的成绩不是很满意啊。"

大华："是啊。本来答应爸爸要考好的，看来是没有指望了。爸爸本来说带我出去旅游的，你说他还会带我去吗？"

刚宇："要和你爸说起这次成绩，是不是感觉不好？别太担心，只要你爸知道你真的再努力，他会支持你的。"

大华："嗯，希望如此，谢谢你。你考得怎么样呢？"

这样的沟通是不是更顺畅呢？

7. 巧说真话

同样的意思用不同语言表达，效果就不同了，这有两个小笑话：

父亲问儿子有什么梦想，儿子回答：金钱、美女、名车。父亲马上给了儿子一个耳刮子。后来，这孩子学聪明了，父亲再问他有什么梦想时，他回答：事业、爱情。从此得到家长的赞赏。

有两个小孩都是在做作业的时候看电视，被他们的妈妈发现了。一个小孩说："妈妈，我在做作业的时候看了电视。"他妈妈听了很生气，教训他一顿。另一个小孩却对他的妈妈说："妈妈，我在看电视的时候还想着做作业呢！"他妈妈听了又好气又好笑，也免了一顿教训。

沟通，不仅仅是一种技能，更是一门艺术。良药不一定非要苦口，要懂得委婉的艺术。讲自己想讲的，用别人喜欢听的方式。记住：

与男人沟通，不要忘了他的面子；

与女人沟通，不要忘了她的情绪；

与领导沟通，不要忘了他的尊严；

与下属沟通，不要忘了他的自尊；

与年轻人沟通，不要忘了他的直接；

与儿童沟通，不要忘了他的天真。

可以说人的不是，不可伤人的自尊，

可以公开赞美，总要私下地责备。

赞美与鼓励的话要说，感激的话要说，幽默的话要说。

没有准备的话不要说，没有依据与数据的话不要说，情绪欠佳的时候不要说。

人际沟通是需要学习的，没有人天生就是沟通达人，每个人与他人沟通中都会遇到这样或那样的问题、困惑，这是非常正常的事情。所以要通过不断的实践和学习，来提高自己的沟通水平，用爱进行交流，用心进行沟通。

心灵图片

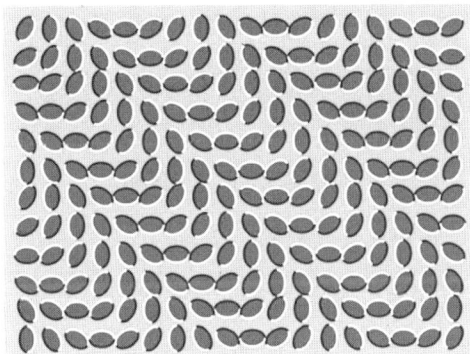

它有没有动？

✿ 心灵寄语

急事，慢慢地说；

小事，幽默地说；

没把握的事，谨慎地说；

没发生的事，不要胡说；

做不到的事，别乱说；

伤害人的事，不能说；

伤心的事，不要见人就说；

别人的事，小心地说；

自己的事，听别人怎么说；

尊长的事，多听少说；

夫妻的事，商量着说；

孩子们的事，开导着说。

✿ 心灵歌曲

《我想更懂你》

演唱：潘玮柏、苏芮

经典歌词：

每次我想更懂你，我们却更有距离

是不是都用错言语，也用错了表情

其实我想更懂你，不是为了抓紧你

我只是怕你会忘记，有人永远爱着你

请你听听我的真心话

你每天看着我长大

但你是否了解我内心矛盾的对话

你板着脸孔不屑地对着我看

我的视线没有勇气

只好面对冷冰冰的地板

这就是你，这就是我，我们之间的互动

……

看我其实没那么好战

我也希望说话可以婉转不让你心烦

对你开口好难，我想要无话不谈

我的人生，我的个性，其实没那么烂

这就是我的内心，请你仔细地剖

我好想回到过去，看你微笑摸摸我的头

课本写说你们应是我最好的朋友

如果换个公式，我祈祷不同故事

第八节 统筹规划，时间理财

心灵游戏

时间馅饼

一个圆代表一天，圆已被平均分成 24 份，一份为 1 小时。一天可以做很多事情，比如学习、睡眠、与朋友聊天、休闲、运动、用餐、做家务、看电视、玩游戏等。

规则：

1. 列一列：你一天的活动项目。

2. 究一究：每个活动的耗时量。

3. 画一画：该活动占几个小时就涂几份，不同事件可涂上不同的颜色，并在旁边标记具体事项。

我分享，我快乐：

1. 馅料越多越美味吗？你的配方考虑哪些因素？

2. 你对目前使用时间满意吗？在你的理想中，应该怎样使用时间？

3. 你希望能花更多的时间在……你希望减少时间花在……

4. 你能总结出时间安排的注意事项吗？

心灵感悟：

1. 要有时间管理的意识：惜时、统筹。

2. 加快速度：走路、吃饭、做题速度。

3. 利用好点滴时间：如课间、等待的时间。

4. 统筹规划：在同一时间处理两个以上的任务，争取在允许范围内获得最佳效益。

5. 劳逸结合：合理分配休闲和娱乐时间。

心灵思考

有这么一家银行，每天都会无偿向你转账 86400 元，你可以随心所欲地使用这笔钱，只是必须保证当天花完，你相信有这种好事吗？ 你会如何运用这笔钱？

真的有这样一家银行，那就是"时间银行"。每天每个人都会有新的 24 小时 =1440 分钟 =86400 秒进账。常言道"时间就是金钱"，其实时间比金钱更加可贵。但我们往往对金钱更加敏感，对时间则没有太大的感受。那么面对这样一笔财富，你会如何利用好它呢？

心知探索

一、时间理财

1. 对于一笔财富，我们可以有一些不同的利用方式

浪费：既没有创造愉悦感，又不能创造价值。

消费：用于娱乐活动，吃饭、睡觉、逛街、看电视、聊天。

投资：用于增值活动，思考、学习、记忆、计划。

理财：利用有限的金钱实现最大化的收益。

时间管理：平衡有限的时间和想要的目标。

2. 理财步骤

（1）往哪投资。

（2）比较回报。

（3）确定顺序。

（4）分配金额。

（5）形成表格。

3. 时间管理步骤

（1）列举清单：平衡有限的资源和想得到的目标。

（2）梳理清单：区分不同目标对自己的重要程度。

（3）优先排序：根据目标的重要程度，设计完成任务的顺序。

（4）时间划分：为每项任务计划所需时间。

（5）列日程表：梳理出日程行动表。

二、打理时间财富的好方法

1. 时间管理四象限法

如果我们要去吃 150 元的海鲜自助，如何才能吃回本？

答案：海鲜、肉食，挑贵的吃。

时间管理和吃自助一样，要有策略，哪些事情必须先做，哪些事情后做，要分清轻重缓急，才能有效管理时间。

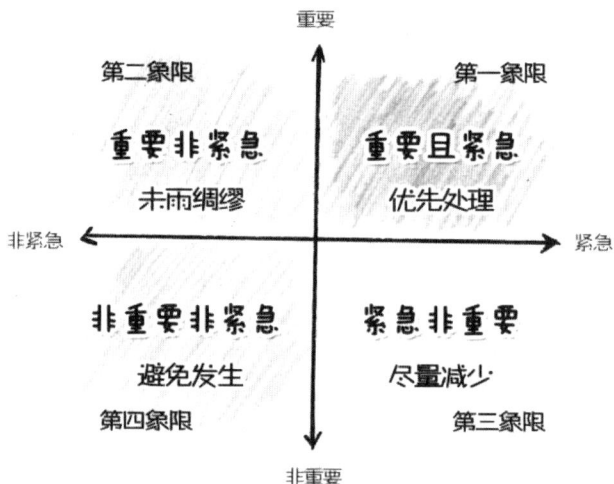

（1）列清单：将你最近 24 小时内要做的事情一一罗列。

例如，李扬明天要上四节课，上课时间为 10:00—12:00、16:30—18:30。

李扬明天需要做的其他事情有：

①从早晨开始牙疼，想去看医生。

②明天是好朋友的生日，可还没给他/她买礼物。

③过两个星期就是英语期末考试了，可自己还没开始复习。

④同学邀请他去逛街。

⑤在图书馆借的书明天就要到期了。

⑥好朋友想约他这几天去看一部很想看的电影，请他马上回电。

⑦明天他要在班上讲课，虽然前段时间已经准备好了，但他还想再预演一遍。

⑧期末作业还没写。

⑨想通过暑期实践来提高自己的能力，但还没有找到合适的实习单位。

（2）评估任务：评估每件事情对自己的重要程度与时间紧急程度。

帮助李扬根据事情的轻重缓急设定优先度。

A. 是重要又紧急的事情；第一象限：①、③、⑦。

B. 是重要，但不紧急的事情；第二象限：⑧、⑨。

C. 是紧急，但不重要的事情；第三象限：②、⑤、⑥。

D. 是不紧急不重要的事情。第四象限：④。

高效的人把主要的精力和时间集中地放在处理那些重要但不紧急的事情上，他们往往更卓有成就。

（3）ABCD原则，每次执行完毕后，打上标记。

A. 重要紧急的事：马上做。

B. 重要不紧急的事：计划做。

C. 紧急不重要的事：授权做。

D. 不紧急不重要的事：减少做。

2. 番茄工作法

如果你经常做事无法集中注意力，学习经常中断，同时对时间也充满焦灼感，可以试试番茄工作法。

什么叫番茄时间呢？一个番茄时间也叫一个番茄钟，包含两部分：25分钟的高度聚焦工作、学习时间和5分钟的休息时间。

番茄工作法的基本流程：首先你要选择一个待完成的事项，比如要开始背语文课文或者是做数学大题，你设定在一个番茄钟内完成。首先我们要完成的是25分钟的专注学习，在这25分钟的时间里我们一定要做到高度集中，全情投入，忘却时间与周围的空间，只有你和眼前的任务融为一体的感觉，当25分钟的专注学习结束时，也就是番茄钟铃声响起的那一刻，你就可以短暂地休息5分钟，那么我们一个完整的番茄钟就完成了。

如果一个工作整体完成需要100分钟，你可以把它分成4个番茄钟来执行。如果效率特别高，还可以奖励自己一个番茄钟的时间休息。这样你就极大程度地提高了你的学习效率，避免分心溜号，让你能够简单专注地完成学习任务，提高自己的时间管理能力。当溜号分心的毛病解决了以后，我们高度集中的时间经过训练可以逐步延长，可以根据学习任务和难度自己调整、设置番茄钟，例如做一套考试试卷，中间又不可以间断，将 4 个 25 分钟合并，结束后你可以进行一个大打包的休息，比如一起休息 20—30 分钟的时间。

3. 意大利香肠法

如果一项工程浩大、周期冗长的任务让你很焦虑，总是拖着不愿意开始，建议你把它拆分成小段。如果最初拆分的小段仍然让你焦虑，难以开始，就继续拆分成小片，就像切香肠一样，直至你能立刻开始下一步。

4. 瑞士奶酪法

在一个比较大的任务中使用"见缝插针"的方法，就是利用零碎时间，而不是消极等待整块时间的出现，由于瑞士奶酪多孔，故名瑞士奶酪法。

三、感悟时间的价值

在一分钟里面，你能做什么？创造出多少精彩？感受一分钟的价值。

1. 一分钟的努力创造了中国奇迹

一分钟，先进的运煤机可以运煤 21 吨。

一分钟，太阳能水泵可以抽水 380 吨。

一分钟，核动力潜艇可以在水下航行 120 米。

一分钟，大炮能发射 80 发炮弹。

一分钟，一台大和面机能和面 200 斤。

一分钟，一条彩电生产线可以组装一台半彩色电视机。

2. 一分钟我们可以做些什么

打 200 个字。

读 70 多个单词。

看 5—10 个精彩的广告短片。

阅读一篇五六百字的文章。

浏览一份 40 多版的日报。

跑 400 米。

做 20 多个仰卧起坐。

💬 **心灵点拨：**

每天空余的时间可以利用起来，做自己喜欢的事情。

把握生命的每一分钟，有效利用零散时间。

无论这个世界发生什么，时间从未停滞不前。希望我们把握生命的每一分钟，科学管理时间，用努力将所有东西慢慢变成我们想要的样子。

✿ 心灵图片

世界上有些事可以重来，但时间不能。

✿ 心灵寄语

盛年不重来，一日难再晨。及时宜自勉，岁月不待人。

——陶渊明

时间，就像海绵里的水，只要愿挤，总还是有的。

——鲁迅

莫等闲白了少年头，空悲切。

——岳飞

放弃时间的人，时间也放弃他。

——莎士比亚

心灵作业

哪里有财富，哪里就有小偷，你遇到过窃取时间的小偷吗？

说一说你的时间小偷是什么？它有什么技能，你是怎么防御它的？

例如：

我的时间小偷：平板、手机、游戏，等等。

时间小偷技能：1. 让人沉溺，没有时间概念。

2. 偷没有计划的人的时间。

防偷攻略一：增强时间观念，有效利用空隙时间。

防偷攻略二：制作每日清单。

心灵歌曲

《今日歌》

经典歌词：

今日复今日，今日何其好！

抓住今日有金日，丢了金日哪里找？

人生百年几今日，莫让明日空烦恼。

若说且看明日至，明日之事何时了，

为君聊赋今日诗，今日更比昨日好。

第九节　向死而生，珍爱生命

心灵游戏

模拟死亡实验

规则：

1. 假如你只有三个月的生命，你打算怎样安排？

2. 预立遗嘱。

写下：

最想做的事是什么。

最想见的人是谁。最想说的话（对父母、朋友等）。

你想带一件什么东西离去？

最希望的葬礼是什么样子？有没有其他的安排？

我分享，我快乐：

1. 你是如何看待死亡的？

2. 人生是单行道。如果重新开始自己的人生，你是否会对以往的人生做些修改？

心灵点拨：

死亡是我们必然要经历的过程，生命有开始有结束，这是生命的定数。影片《非诚勿扰2》的告别仪式中，身患癌症的香山先生在活着的时候为自己举办了一场葬礼，生命中重要的人表达了各种哀悼和思念。其实"活着的葬礼"不仅仅出现在影视作品中，在美国等发达国家，活着时给自己举办葬礼的现象越来越多。

我们讨论死亡，但我们不会研究死后的世界怎样，应更关心怎样活着，怎样做好自己，而不是等到死亡到来时被后悔占据。同时要尊重生命，构筑梦想，担当重任。

❋ **心知探索**

一、正确认识死亡，向死而生

1. 面对、接纳死亡

孔子说："未知生，焉知死。"我们的传统观念一直都视死亡为不吉利的事情，避讳死亡，对死亡置之不谈，所以对它缺乏了解。其实，生命就是一条单行道，从出生那天起，我们就是在一步一步走向死亡，无人例外，每个人都需要去面对。

白岩松说："中国人讨论死亡的时候简直就是小学生，因为中国从来没有真正的死亡教育。"其实，关于活着这件事，死亡是最好的老师。

冉克雷维说："提早认识死亡才会深刻认识人生。"

巴雷特说："只有认知死亡，才可以树立正确、健康的价值观。"

蒙田说："预前考虑死亡就是预先考虑自由。"

萨瓦特尔说："认识死亡，才能更好地认识生命。"

卢梭曾经说，"谁要是自称面对死亡无所畏惧，他便是撒谎。人皆怕死，这是有感觉的生物的重要规律，没有这个规律，整个人类很快就要毁灭。"

对死亡的恐惧背后其实是对生命的渴望。我们无需回避对死亡的恐惧，正视它，了解它，因为它是对生命的保护。实际上越熟悉的东西我们越不害怕，当我们接纳了对死亡的恐惧，恐惧情绪反而会降低，面对死亡也会更加积极和坦然。

所以，我们需要正确认识死亡：面对、接纳死亡。

2. 向死而生

德国的墓园大多都建在城镇的黄金地段，人们住在哪里，墓园就可能建在哪里。当地人根本不害怕死去的人，他们甚至愿意和墓地里的人朝夕相处。德国的墓园里，每隔几步就安放了一张供路人歇脚的长椅，活着的人不曾遗忘那些逝去的人，感觉他们只是换了一个方式活在身边。

沈阳有一家心理咨询中心，早在两年前就采用"死亡体验"的方式来做心理治疗，通过模拟死亡的方式，采用死前感言、宣读墓志铭、婴儿新生感言等方式治疗来访者。目前已有2000多人体验过这种减压方法。

在面对死亡时，人的很多想法都会发生改变。武汉 16 名大学生"体验死亡"，他们拍遗照、写墓志铭、躺入棺材。大学生们"死而复生"后纷纷感慨："感受过死亡，才知道生命的可贵。"

向死而生，思索死亡会让人更真实地活着，如果此时生命真的走到了尽头，很多人都可能会有遗憾和不甘，因为还有很多事情没做，还有很多话没有说，好在回到现实中我们还有时间和机会马上去行动。当一个人认真思索死亡时候，许多的矛盾、冲突、纠缠、痛苦都会不同程度地缓解，和死亡比起来，你暂时的不如意、和他人的摩擦又算得了什么呢？

二、珍爱生命

💗 心灵思考：
看到"生命"这个词，你会联想到什么？谈谈你是如何对待你的生命的。

💗 心灵故事：
蝴蝶翅膀里的感动
大雨对蝴蝶是一场灾难，虽然一只翅膀在不停地抖动，但怎么也飞不起来，大概累了吧，蝴蝶突然不动了……奇迹终于出现了，当翅膀抽出的那一刹那，它飞向了蓝天，飞向了属于它的那片自由的空间……

那只蝴蝶令我震惊。大雨使灾难降临在它身上，但蝴蝶却不停地抖动着翅膀，想要飞起。我原以为它再也飞不起来了。

但我错了。

它出人意料地飞向了高空，飞向了蓝天，飞向了属于它自己的自由空间。

它成功了！

它改变了灾难带来的死亡事实。

蝴蝶的信念是什么？追求的又是什么？

💗 心灵感悟：
蝴蝶追求的是生命，小飞蛾求生，小瓜苗不屈地苗壮成长，小蜜蜂不懈努力高飞。

这不都是生命吗？小小的昆虫都懂得珍惜生命，地球上最宝贵的是生命，拥有生命才能拥有一切。生命只有一次，而且去不再来，对于人来说，还有什么比生命更珍贵的呢？我们来到这个世界是不容易的，我们生活的这个世界是五彩缤纷的，有欢笑也有泪水，要善待每一个生命。

💗 心灵智慧：

如果今天早上你起床时身体健康，没有疾病，那么你比其他几百万人更幸运，他们甚至看不到下周的太阳了。

如果你从未体验过战争的危险、牢狱的孤独、酷刑的折磨和饥饿的滋味，那么你的处境比其他 5 亿人更好。

如果你能随便进出教堂和寺庙而没有任何被威胁、暴行和杀害的危险，那么你比其他 30 亿人更有运气。

如果你的冰箱里有食物，身上有衣可穿，有房可住，以及有床可睡，那么你比世上 75% 的人更富有。

生命中充满各种意外，而你至今身体机能健全，生命安然，所以你要懂得珍惜与感恩。

在天灾人祸面前，我们虽显得格外无力和渺小，但大部分人都很珍爱生命，渴求生存，然而每个人对生命的态度又是不同的，有人努力坚持，有人轻易放弃。

💗 心灵案例：

案例 1：上海跳桥事件

2019 年 4 月 17 日，上海发生了一起让人叹息的悲剧事件。某职业学院的一个二年级学生，年仅 17 岁。和同学发生矛盾，因不满妈妈的批评，双方产生了冲突，情绪失控的他打开了车门，快速走到桥边，一气之下从卢浦大桥上一跃而下，结束了自己年轻的生命。母亲阻挡不及，眼睁睁看着儿子跳桥自杀，顿时情绪崩溃，捶胸顿足。

案例 2：武汉男孩跳楼自杀

2020 年 9 月 17 日，武汉一名 14 岁男孩被母亲扇耳光后跳楼自杀。起因是男孩在学校玩扑克，违反校规被请来了家长，男孩在走廊站立，妈妈急匆匆走过来，就给了孩子一耳光。孩子下意识转过头，用手臂挡了挡。妈妈说了几句话，又给了他第二个耳光。老师上前劝解，妈妈才放下自己的手。孩子沉默两分钟后，毫不犹豫地爬上护栏，跳了下去，身亡。

💗心灵感悟：

一个年轻的生命就这样消失了，就像一朵花还没有绽放就已经枯萎，更令人痛心的还在于这种生命消失的方式——自杀。

自己亲手结束自己的生命，同时放弃了对生活的信心，对他人的牵挂，对美好事物的追求。留给家人的只有永远刻骨铭心的悔恨、伤心和自责。

💗心灵调查：

青少年自杀在中国已经成了一个越来越严峻的社会问题。

北医儿童发展中心发布的一组数据显示：

在中国，每年约有 10 万青少年死于自杀。

每天有 288 个孩子死于自杀，还有 800 多孩子自杀未遂。

一个生命的结束至少对 6 个人产生严重的不良影响，造成的心理伤害持续 10 年。一例自杀未遂，至少会使 2 个人受到严重影响，造成的心理伤害持续 6 个月。

研究表明：青少年自杀是一种冲动现象，大多是因为一时激愤。

💗心灵思考：

自杀真的可以解决问题吗？

用"自杀"来逃避现实，那是懦夫。

你以为你纵身一跃，就什么事都没有了吗？

你以为你很潇洒，很了不起，不惧死亡，用这样的姿势告别世界。

殊不知，你逃离世界的姿态，真的很难看。

在别人眼里，你就是一个可耻的逃兵。

再说了，你连死都不怕，还惧怕人世间的风风雨雨吗？

每个生命都是宝贵的唯一，纵身一跃，不是解脱，而是失去。

都说，人固有一死，或重于泰山，或轻于鸿毛。

孩子，我不求你像英雄一样死得光荣，不过，以"自杀"死去，比鸿毛还轻。

而留给亲人的，留给最爱你的人的，是如深渊般的伤痛。

💟 **心灵点拨：**

人的生命不会重来，一个人的死亡对家人来说意味着巨大的精神伤害，无论什么原因选择自杀，都是一种非常自私、极其不负责任的行为。生命不只属于你自己，还属于生你养你的父母，所以我们没有权利让它轻易消失，必须珍爱。我们要坚信：没有什么问题是解决不了的，上帝关了这扇门的同时肯定会为我们打开另一扇窗。春天花会开，鸟儿还会回来，天还是蓝的，云还是白的，你还是父母最爱的小孩。

三、坚强而精彩地活着

生活是面多棱镜，里面有笑容，也有哭泣。

面对艰难、痛苦、挫折、困境、走投无路时，结束自己的生命不是我们的选择！那么我们应该如何对待它？我们应学习这样的人——面对常人难以忍受的困难和痛苦，他们却坚强而精彩地活着。

💟 **心灵案例：**

案例 3：与命运抗争的女子——于娟

她原本拥有幸福的家庭，令人羡慕的工作，但却身患癌症，在生命最后一刻她通过写博客的方式反省自己的不良生活习惯，同时告诫大家要感恩生活，珍惜生命。

案例 4：在琴声中感觉幸福

失去双臂的刘伟凭着超凡的毅力每天坚持 7 个小时的练习，一年内就达到了钢琴 7 级的水平。他说："我能像正常人一样生活，养活自己，虽然我体会不到拥抱别人的幸福感，但我能够在琴声中感受到更多的幸福。"

💟 **心灵点拨：**

生死是生命的规律，但活要活得有意义。活着的每一天，都是未知和充满希望的。失败又如何，挫折又如何，困顿又如何？大不了从头再来。每天你都能选择享受你的生命，或是憎恨它。这是唯一一项真正属于你的权利，没有人能够控制或夺去的东西，就是你的态度。只要我们积极地面对生活，生活也会因为我们的努力而更精彩！

珍惜生命——你只拥有一次生命；

活在当下——假如明天不再来临；

心怀感恩——让阳光照进你的生活；

全面拓展——在有限生命中创造无限价值；

极限开发——创造自己都难以相信的奇迹；

远离危险——任何时候不放弃生的希望。

每个人都是一本书，出生是封面，死亡是封底。我们虽无法改变封面前和封底之外的事情，但书里的故事，我们却可以自由书写。

毕淑敏曾经说过一句话："人生本没有什么意义，人生的意义便在于我们要努力赋予它意义。"

希望大家能用有限的时光去创造属于生命无限的希望与意义。

心灵图片

别抱怨生活中的阴影，因为它是光明带来的。

心灵寄语

热爱人生，热爱生命。因为尊重生命、尊重他人，也尊重自己的生命，尊重是生命进程中的伴随物，也是心理健康的一个条件。

——弗洛姆

死亡也许是免费的，但它是用一生换来的。

——曼利厄斯

当我活着，我要做生命的主宰，而不做它的奴隶。

——惠特曼

生命的珍贵，在于不能重来，生命的无常，源于瞬息万变，生命的精彩，来自于奋斗过程。生命的意义就是生动地活着。

心灵歌曲

《怒放的生命》

演唱：汪峰

经典歌词：

曾经多少次跌倒在路上

曾经多少次折断过翅膀

如今我已不再感到彷徨

我想超越这平凡的生活

我想要怒放的生命

就像飞翔在辽阔天空

就像穿行在无边的旷野

拥有挣脱一切的力量

曾经多少次失去了方向

曾经多少次扑灭了梦想

如今我已不再感到迷茫

我要我的生命得到解放

我想要怒放的生命

第十节　感恩父母，建立和谐亲子关系

心灵游戏

亲情账单

💗 规则：

1. 闭上眼睛，体会父母对自己关爱经历，体会他们的辛酸与操劳。

2. 全班进行分组，每组6—8人，讨论自己在成长的每个时期（婴儿期、幼儿期、小学期、中学期），父母为我们做了什么事，付出多少金钱和时间。

3. 计算家庭现在每年的财务支出状况，有多少钱花费在自己身上。

4. 每组派一名代表发言，并将结果记录在黑板上。

💗 我分享，我快乐：

1. 说说你对这个亲情账单的感受，父母对你的爱和你对父母的爱哪个多。

2. 你能体会到父母的辛苦吗？该怎么为他们分忧呢？你认为怎样做才算孝顺？

💗 心灵点拨：

有时候，我们很容易对别人给予的恩惠感激不尽，却对父母、亲人一辈子的似海恩情熟视无睹，未曾感念过。我们需要心怀感恩之情，多想想父母的付出和养育之恩。面对父母要有一颗恭敬的心、一个谦和的态度。当然合理消费也是孝顺父母的表现。

心灵思考

两道题让你明白永远爱你的人是谁

1. 他很爱她。她细细的瓜子脸，弯弯的蛾眉，面色白皙，美丽动人。可是有一天，她不幸遇上了车祸，痊愈后，脸上留下几道大大的丑陋疤痕。你觉得，他会一如既往地爱她吗？

A. 他一定会　B. 他一定不会　C. 他可能会

2. 她很爱他。他是商界的精英，儒雅沉稳，敢打敢拼。忽然有一天，他破产了。你觉得，她还会像以前一样爱他吗？

A. 她一定会　B. 她一定不会　C. 她可能会

同学们可能把"他"和"她"想象成恋人关系，我们来假设一下，如果第一题中的"他"是"她"的父亲，第二题中的"她"是"他"的母亲。现在你把这两道题重新做一遍，你的答案会是什么呢？

💗 心灵感悟：

这个世界上，有一种爱，亘古绵长，无私无求。不因季节更替，不因名利浮沉，这就是父母的爱！

❀ 心知探索

一、情感反思：孝顺父母的意义及孝顺的程度

1. 为何要孝顺父母？

（1）社会层面：孔圣人告诉我们，"夫孝，德之本也，教之所由生也。"一个人德行培养的根基在于孝道。俗话说："小孝治家，中孝治企，大孝治国。"孝顺父母是家庭美德和基本的做人准则的体现，也是社会文明的一部分，体现和谐、友善的社会主义核心价值观。

（2）个人层面：有利于家庭氛围和谐幸福，增强家庭成员幸福感。

对于父母，他们的付出与爱得到回报，让他们体验到理解、关心与爱。

对于自己，孝顺父母是亲情与爱的表达，对自己性格的形成、品质的培养、意志的磨炼、人际关系交往模式的形成起关键性作用。

2.我对父母的爱有几分？（满分10分）

💗 心灵调查：

孝顺父母要从了解父母开始，我们做得怎么样呢？

（1）爸爸的生日是_____年_____月_____日；

妈妈的生日是_____年_____月_____日。

（2）爸爸最喜欢吃的菜是_____。

（3）妈妈最喜欢的水果是_____。

（4）爸爸喜欢穿什么颜色的衣服_____。

（5）妈妈穿多大码的鞋_____。

（6）爸爸的爱好是_____。

（7）妈妈的最大心愿是_____。

（8）父母生病时，你关心过父母吗？

A.很关心　　B.不关心　　C.有时关心

（9）你有好吃的东西能主动给父母吃吗？

A.给父母吃　　B.自己吃　　C.有时让父母吃

（10）面对父母的唠叨，你是如何做的？_____。

二、情感体验：父母对我的爱

1.妈妈，我的守护天使

小孩出生前，佛与即将出发的小孩道别。小孩一直在哭："我害怕，我会变得那么小，那么无助。"佛安慰他："放心吧！孩子，我早已排好一位菩萨在人间，只为了保护你，照顾你，爱你。"小孩停止哭泣，问佛："她叫什么名字呢？"佛笑着说："名字不重要，你可以简单地叫她妈妈。"

2.爸爸，无声的爱

一个学生写过这样一段话：我爸爸虽然没有让我住上过别墅，但是也没有让我流落街头。我爸爸虽然没有让我穿过几千块钱的名牌，但是也没有让我冻着。我爸爸虽然没有带我去酒店吃过大餐，但是也没有让我饿着。我爸爸虽然没有让我成为富二代，但是也会给我需要的一切。

💗 **心灵点拨：**

世界上最深的感情是血缘之情，世界上最大的恩情是养育之恩。

生命是如此的珍贵，我们要感谢父母给了我们这一次生命，让我们能来到这个世界活过一次。人这一辈子，能让我们亏欠太多却不求回报的只有父母，他们是那个雨中为我们打伞的人，为我们擦去泪水的人，天天牵挂我们的人，情愿为孩子付出一切和生命的人，我们要感恩父母为我们做的一切。

三、情感升华：不能等待的爱

💗 **心灵影片：**

我们从未想过有一天父母离我们而去，总觉得来日方长。电视剧《少年派》里，张嘉译饰演的一位父亲曾给女儿做了一道数学题。"人这一辈子，按平均寿命七十五来算，一生也就活九百多个月，就这么多格子。我跟你妈，今年都四十六岁了，已经活过了五百五十二个月。一辈子说长不长，说短不短，但一家人朝夕相处的日子其实并不多。"

你也动笔算一算，看看你是否也被那些所剩不多的方格子触动到了？

树欲静而风不止，子欲养而亲不待。当你在等以后，你就失去了永远，所以行孝不能等。

四、情感表达：爱的沟通

与父母沟通需要注意以下几点：

1. 理解父母

我们要理解父母的"唠叨或严厉"，理解父母对自己的殷切希望，体谅父母在关爱方式上的不当。

有些时候你会埋怨父母对我们要求太严、他们太唠叨、无法与他们沟通，等等，但是你要记住：他们不是超人，不能完全满足你的需要，也不能完全理解你的想法，但他们对你的爱却是完整无瑕的。

2. 尊重父母

我们要尊重父母的个性，欣赏父母的优点；在与父母交谈时要注意自己说话的分寸；与父母发生分歧时，不能采取顶撞的态度。为避免不小心说出伤害父母的话语或作出伤害父母的事，想要动怒时，可以深呼吸，用凉水洗把脸，离开一会儿，转移注意力。想一想："他们为什么生气？他们有没有正确的地方？"换个时间和地点，再与父母沟通，会有意想不到的效果。

在家庭交往中，与父母发生冲突和矛盾后要让步并道歉。即使父母错了，也要多多谅解，不必非要与父母争个高低输赢不可。有时即使争赢了，也不会给自己带来快乐、给家庭带来幸福；作为子女认了错，可以化解隔阂，增进家庭的温馨氛围。

3. 善于体谅

当被父母批评或责骂时，可能错不在你，你受了很大的委屈，但是先不去争辩。你需要了解父母大发雷霆背后的理由，是否父母过于劳累，或工作生活中遇到了麻烦。理解父母也有烦恼，他们也需要向子女倾诉，希望得到子女的安慰。

4. 主动交流

每周找一点儿时间，比如在校时打个电话，或回家后，和爸爸妈妈主动谈谈自己的学校、老师和朋友，说说自己高兴的事或不高兴的事，与家人分享你的喜怒哀乐。

很多同学嘴上常挂着一句话："父母已经跟不上时代了，不能理解我们，和他们说话太费事。"当你这样说时，你可曾想过，你理解父母吗？你又了解他们多少？所以我们也需换位思考，要主动了解父母的想法和生活近况，关心父母。

5. 认真倾听

当与父母意见不统一时，不要着急反驳，试着平心静气地先听完父母的想法，父母之爱子，则为之计深远。由于父母的生活阅历丰富，说不定你会觉得父母的见解可能更合理一些。

6. 表达爱、做出来

一声问候，一个微笑，一杯热茶，一个拥抱，都是向父母表达自己的爱。每逢父母生日、父亲节、母亲节，我们可以用语言、文字来表达自己的爱。

回到家里，我们也要承担家庭责任，帮助爸妈做家务，比如做饭、打扫房间、买菜、洗衣服等。

孝心的表现是多方面的，如努力学习，合理消费等。将来找到一份好工作，能够独立生活想必也是有孝心的表现。

一个人如果有孝顺父母之心，也就会有仁爱之心、感恩之心和珍惜之心。民族传统美德，在今天依然会有它的现实意义。希望每一个同学都能心怀感激，理解父母，并且通过自己的刻苦努力、勤勉上进取得一定的成就来报答父母。

心灵图片

请你紧~

握住他们的手

陪他们慢~地走……

就像……

当年他们牵着你一样

心灵寄语

1.孔子曾在《论语》中三讲孝道：其一"是谓能养"，其二"和颜悦色"，其三"继志述事"，阐释了从物质赡养，到精神敬养，再到道义传承的三重境界。

2.何为孝？贫穷的父母，钱到为孝；病弱的父母，出力为孝；孤单的父母，相伴为孝；脾气暴躁的父母，理解为孝；勤俭持家的父母，勤快为孝；患病的父母，多份照顾为孝；唠叨的父母，聆听为孝；父母对你的期待，你能让他们如愿就是尽孝。

心灵作业

内观是观察自己的内心，将自己从过去到现在的生活作为特定的内容进行审视。内观三主题：

（1）别人为我所做的。

（2）我给别人的回报。

（3）我给别人添的麻烦。

以妈妈或爸爸为内观人物，按照内观三个主题审视自己。

内观三主题（以妈妈为例）：

（1）妈妈为我所做的

从妈妈那里得到的帮助，获得的喜悦，蒙受的恩惠。

（2）我给妈妈的回报

你曾做过的给妈妈带来喜悦或帮助的事情。

（3）我给妈妈添的麻烦

你曾做过的令妈妈为难的事，让妈妈担心的事，令妈妈蒙受损失的事。

✦ 心灵歌曲

《父亲》

演唱：筷子兄弟

经典歌词：

总是向你索取，却不曾说谢谢你。

直到长大以后，才懂得你不容易。

每次离开总是装做轻松的样子，

微笑着说回去吧，转身泪湿眼底。

多想和从前一样，牵你温暖手掌，

可是你不在我身旁，托清风捎去安康。

时光、时光慢些吧，不要再让你再变老了。

我愿用我一切换你岁月长留。

一生要强的爸爸，我能为你做些什么。

微不足道的关心收下吧。

谢谢你做的一切，双手撑起我们的家。

总是竭尽所有把最好的给我。

我是你的骄傲吗？还在为我而担心吗？

你牵挂的孩子啊长大啦！

第十一节　尊敬老师，建立良好师生关系

心灵游戏

最佳配图

规则：

1. 观看最佳配图，根据自己的理解，在 3 分钟内把 12 个图案作两两配对。

2. 独立完成，不得讨论。

3. 说出各自的理由。

图 1

图 2

图 3

图 4

图 5

图 6

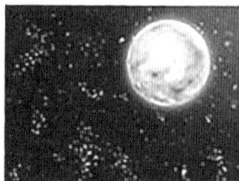

图 7

图 8

图 9

图 10

图 11

图 12

心灵点拨：

一个人看问题就像一根蜡烛，总有照不到的地方。多个人一起看问题就有如手术灯，可以对其一览无余。交流的过程不是强调自己，而是学习他人，交流的目的不是找出最佳答案，而是丰富和完善最佳答案。

面对 12 个图案，每个人心里都有自己的答案。有的人按形状搭配，如图 1 与图 10、图 2 与图 9、图 5 与图 11；有的人按类别搭配，如图 1 与图 11、图 4 与图 8、图 7 与图 12；有的人按功能搭配，如图 2 与图 5、图 9 与图 10。每个人都会根据自己的思维方式进行理解与选择。看问题的角度不同，得出来的结论自然也会不同。正如苏轼的诗中所述：横看成岭侧成峰，远近高低各不同。因此我们应该学会理解他人、包容不同的意见。只有这样，我们才能和他人更好地交往。

心灵思考

看到或听到"老师"让你想到什么？（请用一两个词来表达）

有的同学说：教师是蜡烛，燃烧了自己，照亮了别人。

有的同学说：教师是园丁，用辛勤的汗水浇灌祖国的花朵。

有的同学说：教师要有渊博的知识，要给学生一杯水，自己要有一桶水。

有的同学说：教师像警察，监督我们学习，留作业，表现不好还要请家长。

有的同学说：老师是人类灵魂的工程师，学生成长的引路人。

心知探索

一、教师的角色

1. 教书育人的角色。

2. 学生团体的领导角色。

3. 家长的代理人角色。

4. 心理工作者的角色。

随着时代的发展，教师的角色也变得多元化，已不单单是知识的传输者，更是起着榜样、引领作用的学生团体的领导者；起着监护、关爱作用的家长代理人；起着疏导、传输正能量作用的心理工作者。

💬 **心灵影片：**

电视剧《少年派》

田老师认真严肃，热爱学生，希望学生都能考个好学校。可是班上总有那么几个人喜欢破坏上课的氛围，比如上课玩手机，田老师语重心长的一席话感动了全班同学。我们看看田老师如何说的。

"我也想说服我自己，何必那么不近人情呢。你们讲起道理来，比我还在行，什么该做，什么不该做，你们都清楚，我也再不能像一个小学老师一样，去盯着你们，想玩就玩吧，大不了，再玩几个月，我们就相忘于江湖了，你玩你的手机，我念我的经，眼不见为净，反正也是挣我那点工资，我犯得着为这点钱，跟你们较劲吗？你将来大富大贵，也不会带我分钱，你将来成为阶下囚，也赖不着我。可是我还是说服不了我自己，我站着，你们坐着，我讲课，你们听课。你们叫我一声老师，我就要对得起这个称呼，对得起这个职业。你们一周属于我的时间，不过是六节课，三百分钟，在我的眼皮底下，在我的职责范围之内，我还是希望你们好好听课。我不在乎你们给我'地狱田'的称号，但是，我不想将来担一个骂名，我不希望将来，你给你的孩子辅导化学的时候，他说，难道你以前的化学是体育老师教的吗？"最后全班同学自发地上交了手机。

💬 **心灵感悟：**

老师的身上不仅承担了家庭期望和社会责任，更有着立德树人、教书育人的荣誉感和责任感。老师是学生健康成长的指引者和引路人，更是社会主义核心价值观的有力践行者。

二、构建良好师生关系

1. 良好师生关系的含义

良好师生关系是指师生之间能相互认知，情感亲密、融洽，行为统一、友好、默契。

在认知上，学生以老师为榜样，对其认同度高；

在情感上，师生互相了解、感情融洽、心灵相通；

在行为上，师生行动一致、行为友好、配合默契。

良好的师生关系具有以下特点：尊师爱生、相互配合、民主平等、和谐亲密、教学相长、心理相容。

良好的师生关系是人人都想拥有的，现实生活我们应该做到以下 3 个方面：尊敬老师、换位思考、以平和的心态面对老师的批评。

2. 尊敬老师

教师是人类历史上最古老的职业之一，也是最伟大、最神圣的职业之一。人们常说：教师是太阳底下最崇高的职业，自古以来，中华民族就有尊师重教、崇智尚学的优良传统，正所谓"国将兴，必贵师而重傅；贵师而重傅，则法度存"。

尊师敬教是中华民族的传统美德，毛泽东主席深受全国各族人民的尊敬与爱戴，他在尊师方面为我们树立了光辉的榜样。

1959 年，毛泽东回到故乡，请韶山的老人吃饭，其中就有毛宇居老师。当毛泽东向这位老师敬酒时，毛宇居老人说："主席敬酒，岂敢岂敢！"毛泽东却说："尊老敬贤，应该应该！"徐特立是毛泽东在湖南第一师范求学时最敬佩的老师。1937 年，徐老六十寿辰时，毛泽东写了一封热情洋溢的贺信。信中说："您是我 20 年前的先生，您现在仍然是我的先生，将来必定还是我的先生。"1947 年，徐老七十寿辰时，毛泽东又题词"坚强的老战士"送给他，表示尊敬和祝贺。

习近平总书记常说，"教过我的老师很多，至今我都能记得他们的样子，他们教给我知识、教给我做人的道理，让我受益无穷。"

习近平总书记在教师节看望老师，同陈仲韩、陈秋影等几位老师一一握手，他说："看到各位老师精神这么好，我心里特别高兴。当年老师对我们要求十分严厉，现在回想起来，终生受益，是老师培养了我们。"

💗 心灵故事：

程门立雪的故事是古代尊敬师长的典范。

杨时是宋代著名理学家，从小就聪明伶俐，四岁入村学，七岁就能写诗，八岁就能作赋，人称神童。他十五岁时攻读经史，熙宁九年登进士榜。他一生立志著书立说，曾在许多地方讲学，倍受欢迎。居家时，长期住在含云寺和龟山书院，潜心攻读，写作教学。他非常有礼貌，并且谦虚好学。只要是和学习有关的事情，哪怕是付出再大的代价，他也要做到。

那一年，杨时已经四十岁了。有一次他和他的好朋友游酢一起去找老师程颐请教学问。杨时和游酢走到程颐家的时候，程颐正好在家里面睡觉。

杨时是一位很懂礼貌的人，他觉得自己不应该在老师睡觉的时候去打扰，即便是自己很渴望马上学到知识。就这样杨时和他的朋友两个人就安安静静地站在老师的门口，等待老师醒来。

当时正值寒冬，不一会儿，天空中就下起了鹅毛大雪，天气也开始变得很冷。雪越下越大，天越来越冷，但是老师还在睡觉。他们依然没有打扰老师，而是在大雪中等待。游酢因为寒冷的天气坚持不住了，他有好几次想要把老师叫醒，但是杨时没有让他这么做。

他们两个人在大雪中坚持着，坚持站着等待着老师醒来，给他们讲解问题。当程颐老师睡醒的时候，发现门外站着两个"雪人"。

程颐深受感动，全心全意地进行教导。杨时不负众望，学到了老师的全部学问。之后，杨时回到南方传播程氏理学，形成独家学派，世称"龟山先生"。

心灵点拨：

学会尊重师道，从思想上、行为上体现出尊重。我们反思一下以下这些不尊敬师长的行为自己有没有做过：

1. 上课时埋头只顾自己的事，没有听课或者没有按照老师的要求去做。

2. 上课时嘻嘻哈哈，该严肃时不严肃。

3. 上课时趴桌子上睡觉，老师提醒后仍不悔改。

4. 表现出藐视老师的神态，故意跟老师顶撞。

5. 不接受老师的批评教育，对老师的批评耿耿于怀，记恨老师。

6. 当老师提问别的同学时，故意插嘴。

7. 课堂上当着老师的面骂同学。

8. 课堂上当着老师的面扔东西、拍桌子、摔书本、敲笔。

9. 给老师起花名、绰号，在背后议论老师的不是，说老师的坏话。

古人云："不学礼，无以立。"尊师礼仪有：

见老师要问好，分别时说再见；门口楼道相遇，主动靠右避让；进办公室报告，离开时说再见；双手接递物品，勿翻老师东西；虚心听取教诲，诚心接受教育；对老师要诚实，请勿欺骗老师；珍惜老师劳动，完成老师安排的任务；服从老师管理，请勿顶撞老师；有事打扰老师，躬身站立一侧；与老师交谈，起立给老师让座；尊重老师人格，不要品头论足；老师进入宿舍，起身让座、相送。

在与老师谈话时，要做到"五到"。

"身到"：站姿或坐姿端正，身体微微前倾，表示专注认真。

"眼到"：注视着老师，保持目光接触，不东张西望，心不在焉。

"耳到"：认真听老师讲的每一句话。

"口到"：不中途打断老师，让老师把话讲完，若不明白，或老师询问自己时，要及时作出反应。

"心到"：态度认真诚恳，用心体会老师所说的话。

3.换位思考

💗 心灵体验：

今天我来当老师

有四位同学可以有机会在今天的课堂上扮演老师，欢迎四位老师上场。

情境一：

同学们在下面比较安静，但却各做各自的事情，如看书、睡觉、画画，就是不听课。

情境二：

同学们在下面非常认真、非常专注地听课，而且频频点头微笑，还不断地记笔记。

情境三：

课堂纪律十分混乱，有以下表现：

"我要上厕所！"

"后面的同学又打我！"

"你讲的没用！"

"我懂了，你就不要讲了！"

……

情境四：

小涛最近跟一些社会青年交往密切，经常抽烟、喝酒、打架。你对他进行教育，他却说你干涉了他交友自由。

这个活动的主要目的就是学会换位思考，体验后我们一起来思考：

1. 在不同的情境下，作为讲课者，你有什么样的心理感受？

2. 如果你是老师，同学也是同样的表现，你会怎样想？怎样教？

3. 如果遇到自己不感兴趣的课和不喜欢的老师上课时，积极配合老师的课对于有些同学会有难度。想一想，可以通过哪些方法来克服。

💗 心灵感悟：

与老师建立良好关系，才能学得好、学得多，最终学有所成。

有的老师缺乏教学经验，课堂教学内容枯燥，你完全可以抓住这个机会，培养自己的自学能力。

有些老师很无辜，只是你心中的替罪羊，因为你不擅长他所教的课程。一定不要陷入"不爱学习—归咎老师—成绩不好—和老师发生冲突"的怪圈中。

还有的老师的确由于过去曾经错怪你，甚至故意忽视和侮辱你，让你对他心存憎恶。不过，你虽然不能阻止老师对你的不公平对待，但你一定不要使自己的学业和前途受其干扰。做最好的自己，这才是一个有成熟思想的人的正确做法。

💗 心灵故事：

在一个农庄里，有一头猪、一只绵羊和一头奶牛，被牧人关在同一个畜栏里。有一天，牧人将猪从畜栏里捉了出去，只听猪大声嚎叫，强烈反抗。绵羊和奶牛讨厌它的嚎叫，于是抱怨道："我们经常被牧人捉去，都没像你这样大呼小叫的。"猪听了回应道："捉你们和捉我完全是两回事，他捉你们，只是要你们的毛和乳汁，但是捉住我，却是要我的命啊！"

💗 心灵点拨：

立场不同，所处环境不同的人，是很难了解对方的感受的。不能理解，难免就会产生矛盾和冲突。当你能够站在对方立场来思考问题，矛盾和冲突自然就会迎刃而解。能够想人所想，理解至上，这就是换位思考。

4. 以平和的心态面对老师的批评

💗 心灵故事：

耕柱是一代宗师墨子的得意门生，不过，他老是挨墨子的责骂。有一次，墨子又责备了耕柱。耕柱觉得自己非常委屈，因为在墨子的许多门生之中，耕柱被公认是最优秀的，但他却偏偏常遭到墨子的批评，这让他觉得很没有面子。

一天，耕柱愤愤不平地问墨子："老师，难道在这么多门生中，我竟是如此差劲，以至于要时常遭您老人家责骂吗？"

墨子听后反问道："假设我现在要上太行山，依你之见，我应该要用良马来拉车，还是用老牛来拖车？"

耕柱回答说："再笨的人也知道要用良马来拉车。"

墨子又问："那么，为什么不用老牛呢？"

耕柱回答说："理由非常简单，因为良马足以担负重任，值得驱遣。"

墨子说："你答得一点儿也没有错。我之所以时常责骂你，也是因为你能够担负重任，值得我一再教导与匡正。"

听了墨子这番话，耕柱立刻明白了老师的良苦用心，从此再也不以遭受批评为耻，而是更加发奋努力，终于成为墨子学说的继承人。

❤ 心灵点拨：

良药苦口利于病，忠言逆耳利于行。接受批评可以有效地促进一个人的个人成长，把批评当作获取客观评价的来源，冷静放松，积极行动起来，作出需要的改变。

学生应虚心接受老师的批评教育。如果老师的批评和事实不符，学生要在老师说完后平心静气地加以解释，或在事后寻找适当的时机向老师说明。

有一种情恩重如山，无论一个人的地位有多高、贡献有多大，都离不开老师的教育和启迪，其成长都凝结了老师的心血和汗水，难忘师恩，构建和谐美好的师生关系！

✿ 心灵图片

我甚至想知道你的头发白了多少，
还咳嗽吗，腰腿疼吗？

心灵寄语

1.年轻人犯错误，上帝都可以原谅，更何况是一个普通的老师。但请你记住：上帝能够原谅的事，社会不一定会原谅；老师能够原谅的事，老板不一定会原谅。你将生活在现实而复杂的社会中，而不是学校和天堂。

2.一个人遇到好老师是人生的幸运，一个学校拥有好老师是学校的光荣，一个民族源源不断涌现出一批又一批好老师则是民族的希望。

心灵作业

采访老师

猜想下面这些问题的答案，在纸上记录下来。然后每个小组请一名同学做记者，就这些问题采访不同的老师，看看老师的答案。

1.老师每周要上几节课？备课要花多少时间？

2.老师除了上课还需做哪些工作？

3.因为教师这个职业，身体会有什么不舒服？

4.老师每天几点起床？工作时间有多长？

5.老师的压力和烦恼有哪些？

6.老师在遇到不听话、不服从管理的学生时是什么样的心情？

心灵歌曲

《老师你好》

演唱：四凸君说

经典歌词：

转头望去

隔壁学校的校园里

传来欢声笑语

我却再也回不去

毕业之后

老师的话常想起

也知道了是关心你

才会说你

社会冷漠除了利益

谁还会理你

如果时光倒流

我想我不会怪你

教师节祝福送给你

第十二节　珍视朋友，建立友好同伴关系

✦ 心灵游戏

小组竞赛：以"友"字组词

❤ **规则：**

3分钟，数量多者为胜，几个字均可。

❤ **心灵感悟：**

1. 人生活在世界上，离不开友情，离不开互助，所以友谊、友情、友善、友好、友爱、友睦显得非常珍贵。

2. 友谊之花可以盛开在每个地方，如校友、室友、战友。

3. 一个城市亲戚是有限的，但是朋友是无限的，可以求亲靠友、呼朋唤友、无亲可友。你的朋友越多，胜友如云，你的支持系统越好，你越如鱼得水。

4. 有共同的兴趣爱好，可以发展成朋友，例如球友、花友、狗友、歌友、诗友、戏友、文友。

5. 朋友有益友和损友之分。好友、挚友、良友、知心朋友、良师益友，这是我们所说的益友。酒肉朋友、狐朋狗友、卖友求荣，这是我们所说的损友。

交友须择友，他们的区别就在于前者鼓励你成长，后者带给你坏影响。请记住：在选择朋友的同时也就是在选择自己。无德者不交，无为者不交，无爱者不交。

6. 在结交了新友的同时，不要忘记旧友。

我们常说：千里难寻是朋友，朋友多了路好走。那么什么是朋友呢？

心知探索

一、人际交往的重要性

心灵实验：

美国心理学家沙赫特·斯坦利曾经做过这样一个实验：他以每小时 15 美元的酬金聘请 1 人到一个小房间里去住。这个小房间与外界完全隔绝，没有报纸，没有电话，不准写信，也不让其他人进入。

最后，有 2 人应聘参加实验。实验结果是有一个人在小房间里只待了 2 个小时就出来了，另一个人待了 8 天。这个待了 8 天的人出来以后说："如果让我在里面再多待 1 分钟，我就要发疯了。"研究表明，人都有强烈的交往需要，都畏惧孤独，害怕离群索居。

心灵点拨：

友谊对于每一个人来说都是必需的，因为获得友谊是一种正常的心理需要。

美国心理学家马斯洛把人的需要从低级到高级归纳为 5 个层次。其中，爱的需要、尊重的需要的满足，都与友谊是相连的。没有人与人之间的交往，就不可能满足这些心理需要。

二、我的择友观

每个人都有自己的人生态度、处世方式、情趣爱好和性格特点，选择朋友也有各自的标准和条件。

你有想过自己的择友观吗？面对班上所有的同学或者与你同龄或不同龄的人，你用什么方法选择了什么样的朋友？

为了帮助你思考，教你用 5 个 W（Who/Why/What/When/Where）思考自己的择友观，请在每列的选项中选出你的想法。

WHO 合适你的朋友	WHY 交友动机	WHAT 友情里的元素	WHEN 什么时候会找朋友	WHERE 合适寻找朋友的地方
有钱	想有人陪伴	快乐	随时	学校
有共同兴趣	有人撑腰	关心	有空	教会
有礼貌	想被认同	坦诚	无聊时	外地
读书很棒	想被关心	纯洁	无拍拖	网吧
有性格	拉帮结派	共同进步	不开心	活动（兴趣班）
受欢迎	找个学习榜样	鼓励	出去玩	义工活动
想法相似	人有我有	尊重	遇到麻烦	住所附近
其他	其他	其他	其他	其他

三、人际交往的原则

黄金法则：你想对方怎样对你，你也要怎样对待对方。

反黄金法则：我如何对待别人，别人也应该同样对待我。

白金法则：别人希望你怎样对待他们，你就怎么对待他们。

白金法则是美国最有影响的演说人之一和最受欢迎的商业广播讲座撰稿人托尼·亚历山德拉博士与人力资源顾问、训导专家迈克尔·奥康纳博士研究的成果。白金法则从研究别人的需要出发，然后调整自己行为，运用自己的智慧和才能使别人过得轻松、舒畅。

从黄金法则和白金法则来看，怎样的人际互动关系才会让人感觉更愉快？

黄金法则和白金法则启示我们，在与人交往时，要尊重人，待人真诚，公正平等待人。

四、人际交往的技巧

1. 互相尊重

"不尊重他人，就是一种对自己的不尊重"。同学间应互相尊重，不对同学的相貌、体态、衣着评头论足。尊重他人的人格和生活习惯，不要给同学起带侮辱性的绰号，不要讥笑他人的生活习惯，吵架时不掺杂人身攻击，涉及他人生理想、家庭、个性缺陷、隐私。否则，就会伤害自己伙伴的自尊心，友谊也就会遭到破坏。

2. 换位思考

💗 **心灵故事：**

一人请一个盲人朋友吃饭，吃得很晚，盲人说："很晚了我要回去了。"主人就给他点了一个灯笼，他就很生气地说："我看不见，你还给我一个灯笼，这不是嘲笑我吗？"

主人说："因为我在乎你才给你点个灯笼，你看不见，别人看得见，这样你走在黑夜里就不怕别人撞到你了。"盲人很感动！

💗 **心灵点拨：**

每一件事用不同角度看，就会有不同的见解。理解不同，结果就不一样。

积极地看待人际关系，己所不欲，勿施于人，换位思考，将心比心可以实现人际交往愉快，人际关系融洽。

换位思考三部曲：

（1）他需要……

（2）他不希望……

（3）换位思考后，我的做法是……

遇到烦恼和矛盾，如果能冷静下来换位思考，站在对方的立场想一想，对方为什么会这样，对方此时的心情如何，这些矛盾就不难解决，我们的烦恼和痛苦也会大大减少。

3. 有效沟通

💗 **心灵故事：**

狮子和老虎之间爆发了一场激烈的冲突，到最后，两败俱伤。狮子快要断气时，对老虎说："如果不是你非要抢我的地盘，我们也不会弄成这样。"老虎吃惊地说："我从未想过要抢你的地盘，我一直以为是你要侵略我。"

💗 **心灵点拨：**

人际交往中如果缺乏彼此交流或者理解偏差就会产生误解，双向沟通是维系友谊的关键要素。有什么话不要憋在自己心里，应多与朋友交流，让对方多了解自己，可以避免许多无谓的误会。

4.合理应对矛盾冲突

朋友间难免会有矛盾冲突，你们会怎么解决呢？

💗 **心灵故事：**

两只乌鸦在树上对骂。它们越骂越凶，越吵越激烈，最后，一只乌鸦叼捡起一样东西，向另一只乌鸦扔去。那东西击中对方后破裂开来，这时，丢东西的乌鸦才发现，自己扔出去的东西，原来是一只尚未孵出的蛋。

💗 **心灵点拨：**

与人交往，遇到问题和矛盾时要保持理智，不可冲动。冲动不仅不能解决问题，反而会使问题变得更糟。常言道，"退一步，海阔天空"，如果大家都能相互理解、各退一步，会减少很多伤害的。

应对矛盾冲突可以先等待双方怒气消退，进行双向沟通，如果错在自己，要勇于承认错误，如果错在对方，要懂得宽容待人。冲突并不可怕，方法总比问题多，只要我们带着自信和真诚去解决问题、与同学相处，我们身边就会有歌声与微笑。

5.守住边界更美好

以下情景，你会有什么感受？

（1）朋友用你的水杯喝水。

（2）同桌没有经过你的同意拿走你的笔记本。

（3）室友拿你的手机翻看你的聊天记录。

（4）室友总是忘记买洗发水，每次都用你的洗发水。

人际边界就像一根无形的线，既保护自己也尊重别人。缺乏边界感，双方都感到难受和尴尬，甚至引发不必要的人际冲突。拥有边界感，守住各自的底线和原则，才能拥有舒适的人际关系。所以再好的朋友之间也需要适当地保持距离，守住边界。

6.巧妙表达拒绝

生活中我们常常因为怕丢面子、过分在意别人的评价，会有这样的想法：如果我拒绝了别人，他就不再喜欢我，不和我做朋友了，所以会不顾后果地迁就朋友或同学。这会给自己带来不必要的麻烦，严重的时候可能会引起心理疾病。因此，我们要学会表达拒绝。

在什么情况下我们可以拒绝他人？

（1）明显判断是不好的事时，如违法犯罪的事。

（2）别人所要求的事确实是自己不愿意做的事。

（3）别人的要求超出了自己的能力范围。

（4）手头的事比别人约你去做的事更重要。

拒绝他人的技巧：

（1）言他拒绝法：转移话题回避。

（2）说明拒绝法：直接说明原因，尽量详细说明理由。

（3）建议拒绝法：提出另一种合理的建议。

（4）无理拒绝法：我也有我的苦衷，恕我不能告诉你。

（5）提问拒绝法：问上一连串的"为什么"。

（6）妙用借口法：来支烟抽抽吧——我得过肺结核。

（7）称兄道弟法：如果你还当我是你兄弟，就别叫我去。

（8）沉默拒绝法：有效地使用沉默。

7. 真诚地赞美

赞美是发自内心深处对他人的欣赏，然后回馈给对方的一个过程。

心理学家的研究发现，人们会喜欢那些喜欢自己的人，反之，也会讨厌那些讨厌自己的人。他人的赞美、夸赞、表扬，提高了自己的自我价值感，而经常性的批评、贬低则会让自身的价值感丧失，所以给予别人赞美、夸赞和表扬，是赢得好人缘的重要法则。

赞美是一门艺术，真诚的赞美使人愉悦，给人自信和力量，而不恰当的赞美却适得其反。只有掌握了一定的原则、方法与技巧，赞美才更具魅力。

赞美的技巧：

（1）态度真诚。一定要发自内心的赞赏，是你从心底里就很认可对方的表现。

（2）具体明确。要赞美对方的优点或特色的具体特征或行为，"你很棒"这个赞美会让人觉得有点敷衍。

（3）用行动表达。我们可以用微笑、点头、鼓掌、赞许的眼神来表达。

（4）把握时机。当我们发现他人优秀的地方的时候，一定要及时赞美，不要事情都过去好多天了，你突然给他 / 她赞美，这样别人会觉得很突兀。

（5）间接赞美。我们可以在背后夸别人，这样他如果知道了会更开心。

每个人都渴望朋友、渴望友谊。友谊是朋友间的友爱，友谊的特点是互相信任，尽可能给予对方温暖，为对方喝彩；彼此坦诚，彼此关心，彼此激励。

💗 心灵影片：

林大为：她妈是她妈，她是她，你不能像别人一样，背后议论别人的私生活，知道吗？再有了，她妈犯的错，跟邓小琪有什么关系呀，她们家出事了，所有人背后都议论着，她心里好受吗？她跟你一样才十七岁，她能承受得了吗？

林妙妙：那她孤立我、嘲笑我的时候，怎么不考虑我能承受得了吗？

王胜男：你觉得这样开心吗？

林妙妙：又不是我一个人孤立她。

王胜男：现在同学之间，网络暴力，都能杀死一个年轻人。

林大为：你要有自己的主见，不能随大流，别人议论你也议论，光记着邓小琪羞辱你的时候，那你生病了人家照顾你，你被人欺负，她替你出头的时候，你怎么不记她了？做人要记着别人的好，要懂得感恩。

仇恨就像是一根刺，既能伤害自己，也伤害了别人，遇到伤害和不公平的时候，最不应该的就是，别人丢你一个椰子，你丢回一个榴莲去，最好的处理方法，与你不相干的人远离，与你相干的人化解。

林妙妙：你说的那是圣人，我不想当圣人。

林大为：行，咱当不了圣人，那咱也不能随波逐流吧，妙妙，你不可能永远停留在十七岁，总有一天，你会明白，什么是择善固而执之，就是遇到问题和考验的时候，不能任由自己心里那个小人作祟，要坚持选择那条，你可能本来不想选择，却又恰恰是正确的道路。邓小琪之前伤害过你，如果这会儿，你向她伸出友谊之手，久而久之，妙妙，你会成为一个了不起的姑娘。你会越来越开朗善良开明坚定，越往后，你就越不会受到伤害，对吧。

在学校，同学之间朝夕相处、情同手足，是亲密的伙伴。同学间的深厚友谊是生活中的一种团结友爱的力量。珍惜同学间的友情，处理好同学关系，在自己的学习和成长过程中，甚至在整个人生旅途中都会有很大的益处。注意同学之间的相处方式，是获得良好同学关系的基础。

心灵图片

是 6 还是 9？只是看问题的角度不同，要学会换位思考。

心灵寄语

能感受别人的难处，是关怀；

能体谅别人的不易，是宽厚；

能饶恕别人的错误，是大度！

生命，是一种回声！

赠人玫瑰，手有余香。

爱出者爱返，福往者福来。

真正的朋友不在巧言令色，贵在心灵相通。

心灵作业

千金难买是朋友，财富不一定是朋友，但是朋友一定是财富，如果把友谊比作一个银行，我们如何管理好自己的友谊银行？

开户条件：你自身的一些特点／优缺点。

存入友谊：哪些行为可以增进友情？

取出友谊：什么时候我们需要朋友？

恶意透支：哪些行为会伤害友情？

✦ 心灵歌曲

《朋友》

演唱：龙井

经典歌词：

觉着朋友这两个字叫起来很简单

朋友一辈子在你的身边

朋友有争议的时候真的跟你翻脸

朋友你有危险他就会出现

朋友之间不管兜里有钱没钱

朋友也许好几年都不会见面

朋友永远记得你生日的那一天

朋友不会忘记你们游戏的童年

朋友让你觉得世界并不孤单

朋友你生病了他在你的床前

朋友每次说的都是逆耳忠言

朋友默默帮你把身边的乌云驱散

朋友在别人那把你夸得像个神仙

朋友只求你这一生能够平平安安

朋友每逢过年都会去你家里拜年

朋友你的父母也是他甜蜜的负担

第十三节　等待爱情，正确处理异性关系

心灵游戏

背后留言

❤ **规则：**

1. 每个同学拿白纸一张，粘贴在背后。

2. 在每个同学的后背上写下对方的优点，还可以写上自己最想对他说的一句话，不用留名。

3. 留言过程中，不能说话，态度要真诚、客观、负责。

4. 十五分钟之后，同学们围坐在一起，拿到背后的字条，看看同学们对自己的评价。

❤ **我分享，我快乐：**

1. 当别人赞美你时，你的感觉如何？

2. 你能给所有的人不同的赞美吗？你赞美别人时，通常赞美哪些特点？

3. 你在赞美别人时，感到自然吗？什么原因呢？

4. 是否有一些优点是你自己以前没有意识到的？同学的评价是否加深了你对自身优点、长处的认识？

❤ **心灵感悟：**

1. 人类本质里最殷切的需求就是渴望被人肯定。日常交往中，听到别人对自己的赞扬肯定是最高兴的。精神的礼物，来者不拒，多多益善。

2. 欣赏别人是一种视角和胸怀，也是一种能力。看不到别人优点的人，自己也将一无是处！可以赞美对方的外表、性格、优点、进步的地方以及做的好事。

赞美是在别人需要帮助的时候给予的支持，常常去欣赏他人，表达你的赞美，就会感到自然了。

3.面对别人的真诚的赞美，有的同学会用怀疑的眼神看着对方，思考这是真的吗？因为他还不适应被赞美，习惯生活中经常听到不好的评价，他需要根据别人的赞美，不断认识自我优点，树立自信心。

青春，有快乐有忧伤。青春，让我们渴望一份爱情。年轻的我们是否有能力承担呢？我们一起谈"恋爱"，探索自己对爱情新的认识，形成正确的恋爱观。

心知探索

一、恋爱观分析

恋爱观是指一个人对于爱情的认识与了解，是对于恋爱的态度、看法及行为倾向。它的内容主要包括对爱情的认识、恋爱动机、择偶标准、对待失恋的态度等。

1.认识爱情

（1）爱情的含义

爱情是各种各样的：有平淡、朴素、婉约的，有华丽、浪漫、疯狂的，有短暂而绚丽的，还有长久而寻常的。

你可能看到了电视里或轰轰烈烈，或凄美缠绵，或极度浪漫的爱情。你也看到了父母或住在你家附近的爷爷奶奶，他们平平淡淡、相濡以沫的爱情。你也可能亲身经历了一些事情，我想你对爱情也有了自己的看法，那么什么是爱情？

我们可以将爱情定义为两个人基于一定的物质条件和共同的人生理想，在各自内心形成的对对方的最真挚的仰慕，并渴望对方成为自己终身伴侣的最强烈、最稳定、最专一的感情。有一种执了之手，与了偕老的愿望。

可是在生活中有一些情感不是爱情。

①喜欢不是爱情。

异性之间，除了爱情，还存在真挚的友谊，我们喜欢一个人并不代表我们爱他（她）。

②为了逃避孤独和寂寞抓住的感情，不是爱情。

如果你感到缺少父母的疼爱，如果你刚到一个陌生的环境，让你感到孤单无助，而他（她）突然出现在你的身边，给了你很多关心，那么，你很容易认为，他（她）爱你。但是仅仅有关怀和怜惜的感情，并不是爱情。

③我各方面并不比别人差，别人有男（女）朋友，我也要有。

（2）爱情三角形

上述这些不是爱情，爱情应包含什么内容呢？我们看下面这个爱情三角形理论。构成爱的要素有三种，可以比作三角形的三个边。

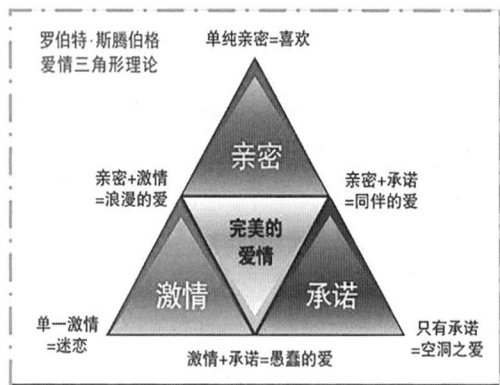

激情——是爱情中的"情欲成分"，包括性的吸引，有时导致不计后果的行为。亲密——真正喜欢对方，相互亲近，彼此了解。亲密让人们产生人际的温暖。承诺——作出爱一个人的决定和永久的承诺。"不想天长地久，只想曾经拥有"是一种及时行乐而缺乏责任担当的想法。爱一个人就要对他（她）负起责任，不能三心二意，玩弄感情。

①只有亲密一种元素，所爱的对象与珍爱的物件和宠物无异，可能有兴致欣赏、把玩，却无意表现忠诚；

②只有激情的爱是疯狂的火焰，盲目、感性、短暂，称之为糊涂的爱，人们常说的"一夜情"属于这种类型的典型；

③只有承诺的爱称为空洞的爱。

真正的爱情是一个等边三角形，是激情、亲密和承诺三个边的完美组合。

2. 恋爱动机

大多数学生的恋爱心理还不够成熟，不清楚恋爱的真正目的，也不了解爱的真谛，导致恋爱动机不正确。

中职学生的恋爱动机有以下六种：

（1）好奇探秘。由于生理发育成熟，由对异性的亲近期过渡到恋爱期，渴望了解异性和得到异性的爱。这种异性间的吸引与好奇，往往被当成是爱情。

（2）模仿心理。很多学生恋爱是为了模仿文艺作品、电影、电视中的爱情生活，尤其是很多偶像剧中的爱情情节。

（3）逆反心理。无论是教师还是父母，都不时地警告"不准谈恋爱"，信息强化的结果引起某些学生的逆反心理。这往往表现在个性强、叛逆、不拘小节的学生。

（4）赶时髦。在校园里，谈恋爱似乎成为一种时髦，不谈恋爱，似乎个性就得不到体现，降低了自己的身价，不能吸引别人眼球。

（5）寻找温暖。有些学生家庭生活颇为不幸，随着年龄的增长，在精神上越来越渴求他人的爱，渴求温暖，若无法从亲人那儿得到，就会把目光投向与之朝夕相处的同学身上。

（6）空虚无聊。有些学生精力旺盛，可以通过各种活动来发泄自己的情感，消耗自己的精力，但很多学生找不到自己的兴趣爱好，不免感到单调、空虚和莫名的烦闷，于是想通过"谈恋爱"来填补空虚。

现阶段中职生的感情往往是一种对异性好奇，把异性理想化，对倾诉、关心和陪伴的渴望，再加上浪漫幻想的多重混合的心理活动。与持久而真实的爱情相比，有迥然不同的地方。所以，这并不是真正意义上的爱情。

3. 择偶标准

恋爱是寻找对方，更是寻找自己的过程。

多数中职生的择偶标准存在误区，不能只看重感觉、外貌，还有一些更重要的因素，如个性、品质，是否有道德感、责任心、事业心，志趣是否相投，学识也非常重要，尤其是对方的心理健康程度。

❤ 心灵案例：

安徽少年拒绝求爱遭毁容

2011 年 9 月 17 日，只因求爱不成，合肥 17 岁中学生陶汝坤竟然强行闯入民宅，将汽油泼向 16 岁少女周岩，并点起打火机将其烧成重伤，或致终身残疾。

在安徽医科大学第一附属医院烧伤科经过七天七夜的抢救治疗，周岩终于远离了死神，可伤势极为严重，整个人面目全非。在该医院的诊断书中写道：一只耳朵被烧掉了，头面部、颈部、胸部等严重烧伤，烧伤面积超过 30%，烧伤程度达二度、三度。被烧伤后，周岩的人生顿时陷入一个灰暗的深渊。

💗 **心灵点拨：**

陶汝坤的脾气暴躁，遇到矛盾冲突采用暴力解决问题的行为方式反映出他的心理健康水平是极低的，同时他没有法律意识，缺少对生命的尊重，最后走向犯罪的道路。而周岩因在不适当的时间找了一个心理扭曲的人谈了恋爱，导致被烧伤，人生就此改变。

你具有了解自己、了解对方的能力吗？花季的情感是一种美好的情感，但是处理不好，就会毁了自己的一生。

4.对待失恋的态度

在中职生的恋爱过程中，恋爱失败是一个经常发生的问题，有的学生对恋爱结果表现得不在乎，认为不合适就分手，很快就会没事，还可以开展新的恋情。但也有一部分同学会深陷其中，不知所措，伤心迷茫的时间很长，性格更加孤僻和内向。有的同学在对方提出分手后钻牛角尖，找不到释怀的方式，往往选择以伤害自己或对方的方式来排解内心的忧郁和矛盾。女生多采用烟头烫手臂、在身上刻字、离家出走、买醉、大吼大叫等一些歇斯底里的方式，男生除了划伤自己、抽烟酗酒、纹身外，更多是用打架的方式来释放情绪。

失恋本身并不可怕，关键是失恋之后产生的这些问题会影响同学们的健康、学习和生活。同学们请记住：如果分手了，要记得爱情只是生命的一部分。可以允许自己痛苦，但伤心要有个尺度，不能因爱生恨，报复对方，更不能冲动作出伤害自己的事情。就像歌词所唱的：分手快乐，祝你快乐，你可以找到更好的。采用合理的、适合自己的应对方法，例如找朋友倾诉，转移注意力等。要学会用乐观的心态去看待失恋。

要正确处理恋爱失败问题，做到失恋不失职，失恋不失志，失恋不失德，失恋不失命。

二、学生时代的恋爱

1.恋爱成本

谈一场恋爱是需要付出成本的，让我们一起算算吧。

恋爱得付出真感情，要专一，三心二意既伤害了别人，也会被其他人唾弃，这是情感成本；隔三差五得陪着对方出去吃饭或看电影，这是时耗成本和金钱成本；有时候吵架了，上课也学不进去，还要想怎么办，这是学业成本和心耗成本；被父母发现，也许全家人不同意，让父母伤心和担心，这是亲情成本；情感进一步发展，发生性关系，搭上自己的健康成本，失恋后的成本还会更高……

2. 学生时代的爱情为什么不能长久

你或许有无话不说的亲密异性伙伴，或许有互相思念、吸引的异性朋友，但这并不是爱情。我们学生的爱情节奏是轰轰烈烈地开始，憧憬未来，最后却是无疾而终地分手。为什么呢？因为他们的爱情三元素缺一个：承诺。现在的我们还没有承诺的能力，还没有能力背负起另一个人的人生。什么样的年纪就去做什么样的事情，谁的青春不疯狂？但疯狂并不等于放纵，虽然年轻，但是还是要珍惜，不能挥霍大好的时光。

三、爱情与学业、人生和婚姻的关系

正确的恋爱观是在一定年龄及具备一定知识的基础上逐渐形成的，特别要正确认识和处理好以下三种关系。

第一，爱情与学业的关系。中职学生的主要任务是掌握知识和练习技能，虽然生理上已基本发育成熟，但心理上尚未成熟，还不具有爱的能力，因此毫无疑问应以学习知识为主，以练习技能为重，还要不断完善自己的性格，培养良好的行为习惯。

第二，爱情与人生的关系。爱情是人生的重要组成部分，但绝不是人生的全部。人生中有比爱情更重要的事情，那就是对事业的追求和人生价值的实现。把爱情融于实现人生目标的奋斗中去，成为激励自己前进的不竭动力；如果你爱一个人，不是下课给她买水，不是微信发来发去，也不是周末一起出去聊天、吃饭、看电影，而是做一个出色的人，以后可以承担爱情带来的责任，提高生活的品质。

第三，爱情与婚姻的关系。恋爱孕育着婚姻，但恋爱毕竟不是婚姻。应尊重爱情、尊重对方，善于控制感情，理智交往，不要把爱情作为得到某种个人利益的手段；要避免性行为的发生，让爱情闪烁理智之光，保证恋爱的健康发展。

爱情是一生的功课，爱需要学习、爱需要能力，不是所有人都会的。与其匆匆步入爱河，不如静静等待成长！

心理效应

1. 罗密欧与朱丽叶效应

罗密欧与朱丽叶相爱，但由于双方家庭是世仇，他们的爱情遭到了极力阻碍。但压迫并没有使他们分手，反而使他们爱得更深，直到殉情。这样的现象称之为罗密欧与朱丽叶效应。所谓罗密欧与朱丽叶效应，就是当出现干扰恋爱双方爱情关系的外在力量时，恋爱双方的情感反而会加强，恋爱关系也因此更加牢固。

2. 异性效应

两性共同参加的活动，较之只有同性参加的活动，参加者一般会感到更愉快，干得也更起劲、更出色，这便是心理学上所谓的"异性效应"。这种现象是建立在异性相吸引的基础上的。人们一般比较对异性感兴趣，特别是对外表讨人喜欢、言谈举止得体的异性感兴趣。这点女性也不例外，只不过不如男性对女性那么明显。有时为了引起异性注意，男性还特别喜欢在女性面前表现自己。心理学家曾在一次测试中发现，男性在男女同桌就餐时要比单纯男性就餐时要文明许多，这是由于大多数人在异性面前更注意自己的言行。

不过"异性效应"不能滥用。若为达到某一目的，用色相去引诱别人，那就不道德了。男性对异性，尤其是年轻漂亮的异性热情些、客气些也无可非议，但把异性当作刺激，想入非非，让人感到"色迷迷"的，就超过限度了。

心灵图片

如果我们不能在一起
那就说明我们没有缘份
既然没有缘份
那么不能在一起也没什么好遗憾的

心灵寄语

1. 只有那些善于去爱，有爱的能力的人，才能从他们浪漫的或平淡的爱情中得到真正的幸福。

2. 爱了，没错。时间不对，肯定是错了。人生每个阶段都有每个阶段的使命，我们千万不可以在春天就去挥霍夏天。莫让情感航船过早靠岸。

3. 爱情的意义在于帮助对方提高，同时也要提高自己。唯有那因为爱而变得思想清澈、身手矫健的人，才算爱得深沉。

心灵歌曲

《亲爱的那不是爱情》

演唱：张韶涵

经典歌词：

日子像旋转木马，在脑海里转不停。

出现那些你对我好的场景

你说过牵了手就算约定

但亲爱的那并不是爱情

就像来不及许愿的流星

再怎么美丽也只能是曾经

太美的承诺因为太年轻

但亲爱的那并不是爱情

就像是精灵住错了森林

那爱情错得很透明

第十四节　保持边界，正确处理恋爱关系

心灵游戏

天龙八步

💙 规则：

1. 同学们围成一圈，胳膊搭在相邻两个同学的肩上并伸直，大家一步步迈向圆心。

2. 到一定程度后，尝试单独往前走，再尝试大家一起往前走。

💙 我分享，我快乐：

通过活动你有哪些感受？

💙 心灵感悟：

1. 越往前，圈越小，人越不舒服；距离越近，压力越大；各人调节压力的方式不同，如尝试、放弃、带动、一直受别人牵制、强行拉动、静观其变等。

2. 距离产生美，距离会使我们有空间调整压力。异性交往也是如此，需保持适当的距离，把握交往的分寸。

心灵思考

恋爱的两个人应该做两滴水还是两棵树？

💙 心灵点拨：

两滴水虽然可以融合成一滴水，亲密无间，但是很容易干涸，而两棵树能够彼此相互扶持，得到成长，就像《致橡树》一样：

我必须是你近旁的一株木棉，

作为树的形象和你站在一起。

根，紧握在地下，

叶，相触在云里。

每一阵风过，

我们都互相致意。

但没有人听懂我们的言语，

你有你的铜枝铁干，

像刀，像剑也像戟；

我有我的红硕花朵，

像沉重的叹息，

又像英勇的火炬。

我们分担寒潮、风雷、霹雳；

我们共享雾霭、流岚、虹霓，

仿佛永远分离，

却又终身相依，

这才是伟大的爱情，

坚贞就在这里：

爱——

不仅爱你伟岸的身躯，

也爱你坚持的位置，脚下的土地。

心知探索

　　最好的爱在远方，青春的沃土，过早种上酸涩的青果，总有一天它会退化成沙漠。进入青春期后，青少年会对异性产生爱慕，会主动接近自己喜欢的异性，双方交往频繁，相互倾心，这是正常的现象。我们提倡异性发展友情，而不是爱情，如果把握不住交往的底线，会带来严重的后果。

💗 **心灵案例：**

案例1：偷吃禁果尝苦果

某学校一名男生与本校女生相恋，两人无心上学，最后抑制不住感情的冲动，偷吃了禁果。4个月后，该女生才发觉自己怀孕。男生听到这个消息后，一改往日对女生的狂追热恋，开始躲避女生，拒绝对事件负责。该女生只好挺着肚子天天上学，她说："为了能让他回到我身边，我不会去医院做手术。"最后，学校只好勒令双方退学。

案例2：负不起的责任

我和雯雯是在学校上大课时认识的。在我的眼里，她是一个既漂亮又招人喜欢的女生。经过一段时间，我觉得自己喜欢上了她。

在不良思想的诱导下，加上自己的性冲动，我与雯雯做了不该做的事，当时没有做任何安全措施。直到有一天，雯雯十分惊慌地告诉我说，她怀孕了，而且是宫外孕，我的脑子顿时一片空白……

我不知道该怎么办，毕竟我才16岁，我反复想："怎么会这样？这对她会造成什么样的后果？"我很害怕，也很后悔，我知道我负不起责任，因为我还太小……

💗 **心灵点拨：**

没有熟透的果实要慎摘，合理的恋爱是与责任联系在一起的。

在爱情的发展过程中，我们每次选择前要认真思考两个问题：第一，我敢不敢对我的选择负责？我有没有负责的能力？没有承诺、没有责任的爱情是不可靠的。真正的爱不是单纯的给予，还包括适当的拒绝。爱护自己的身体，避免过早地发生性行为。安排好人生每个阶段的任务，我们千万不能挥霍青春，莫让情感航船过早靠岸。

一、偷吃禁果尝苦果

一个在全球范围内的数据调查显示：

1. 进行人工流产的人中有50%是青少年。

2. 50%感染艾滋病病毒者是青少年。

3. 每天有6000名青少年感染艾滋病病毒。

4. 每年有1400万名青少年生育。

5. 每分钟有10名少女进行不安全流产。

6. 对于 15 岁以下的少女，因生育和怀孕死亡的危险是成年妇女的 25 倍。

青少年对爱情的理解与实践也有一个逐渐深化的过程，绝非一蹴而就。青少年性意识萌发，容易激动。因一时兴致而不计行为后果产生越轨行为，其危害尤其对少女更为明显突出。因为性行为带来的最为直接的结果，就是女性可能怀孕，另一个风险就是可能感染各种各样的性传播疾病。对于这两种结果女孩往往羞于启齿、担惊受怕，承担着这个年龄无法承担的痛。

在心理尚未成熟，缺乏社会阅历，还没有能力承担性行为带来的责任和义务时贸然发生性行为，不仅会对我们的身体造成很大的危害，产生沉重的精神负担，甚至容易给以后的家庭生活带来阴影。

我们坐车去目的地，沿途风光很美，美得让人心醉，情不自禁想下去看看，但你要拼命忍住，因为这不是你要去的地方。如果你觉得实在忍不住，不妨下去看看，然后再去目的地。但是你再搭乘车，就永远不会是此时此刻的这一辆，就算你到达了目的地的话，也不再是生命中准时的那一刻。

——《十七岁不哭》

二、网上玫瑰艳无香

💟 心灵案例：

案例3：沈阳小伙网聊 15 岁女网友

15 岁的刘璐是沈阳一所中学的学生，2019 年 5 月初，她在网上认识了张强。半个月后的一天上午，张强约刘璐见面，刘璐答应了。

二人见面后，张强将刘璐带到附近的出租屋楼道里。看四周没人，张强将刘璐拽进了出租屋，并将刘璐强行按在床上，刘璐奋力反抗，但还是没有逃脱那场噩梦。

当日夜里，刘璐在家人的陪同下报警。事发第二天，张强涉嫌犯强奸罪，被警方刑事拘留。

据警方介绍，张强的家在沈阳郊县，独自在沈阳市内租房居住，初中文化，没有职业。

法院审理认为，张强违背妇女意志，强行与已满 14 周岁不满 16 周岁的少女发生性行为，其行为已经构成强奸罪。

记者从大东区人民法院未成年人案件综合审判庭了解到，根据张强的犯罪事实、犯罪性质、情节和对社会的危害程度，一审判张强犯强奸罪，判处有期徒刑四年。

💗 心灵点拨：

网恋是黑夜中的相互吸引，对方每天说的甜言蜜语让你心动不已，让你感觉到，他（她）有多么喜欢你、关心你、爱你，简直觉得他（她）就是你的完美恋人。也许现实中根本就不是这么回事，网络能让人伪装得完美无缺。

虚拟的网络世界难免会让人产生无尽的遐想，然而网恋的危害却是很大的，你不知道对方真实的年龄、身份、性格、家庭，很容易上当受骗，所以最好远离网恋，保护好自己。

三、正常的异性交往

💗 心灵故事：

灌木丛不是燕子的家

一只雏燕，在灌木丛中安了一个窝，它觉得十分温暖，就对灌木丛说：我爱你，让我们永不分离。可是，过了两年，雏燕长大了，它觉得灌木丛已经太矮，便将巢迁到了一棵白杨树上。新家令它更加满意，它对白杨树说：我爱你，让我们永不分离。再过两年，燕子变得成熟矫健了，它渴望到大海上去搏击风浪，就把巢安在了高高的海边悬崖。那个巢的舒适温暖是前两个不可比拟的。可是，燕子却不想对悬崖再说任何话了。是啊，灌木丛不是燕子的家，而我们的归宿是不是就在眼前呢？

💗 心灵点拨：

你们可能觉得自己长大了，实际上是刚刚开始长大，人的经历是很重要的，很多事情不亲身经历是很难理解的，可是当真正理解和明白时，就已经没有悔改的机会了。青春只有一次，要让它更有意义，别让青春为感情负债。

💗 心灵故事：

豪猪的哲学

寒冷的冬天，一群豪猪挤到一起取暖，但各自身上的刺迫使它们马上分开；御寒的本能使它们又聚到一起，疼痛则使它们再次分开。这样经过几次反复，它们终于找到了相隔的最佳距离——在最轻的疼痛下得到最大的温暖。

💟 **心灵点拨：**

男生与女生之间交往要自然、适度，与异性保持边界，掌握好亲疏分寸。不应急求交往，不应逃避交往，以正常的心理面对异性交往，从中得到完善自己与他人的益处，这才是交往的意义所在。

（1）注意交往方式，积极参加集体活动，广泛交往，避免个别接触。

（2）注意男女有别，把握男女生交往的分寸，保持一定的人际距离，不宜与某一异性同学频繁接触，嬉笑打闹，勾肩搭背。

（3）尊重别人的情感和隐私。

（4）别把欣赏当做"爱"。

（5）确立自我保护意识，把握交往的尺度，交往中注意时间、地点、场合的选择。

（6）多与家长沟通，让家长做你成长的保护伞。

十六七岁，就像一层薄薄的云，托不起沉重的雨。在你享受情感快乐的同时，有没有想到过还有你不能承担的责任。所以，无论你是男生还是女生，都做一个能担当的人，做一个能对自己和他人负责任的人，做一个会真正享受生活和生命的人。

🦋 **心灵图片**

成熟的爱情会像图片中呈现出的美好，不成熟的爱情产生的不好结果就像骷髅一样，让人恐惧。

❋ 心灵寄语

1. 青春期恋情犹如一朵带刺的玫瑰，我们常常被它的芬芳所吸引，然而，一旦情不自禁地触摸，又常常被无情地刺伤。

2. 轻率的玩弄恋爱正如玩火一样，随时有自焚的危险。如果说恋爱是甜美的酒浆，但随便乱喝，也会变成烈性的毒汁。

3. 对的时间，遇见对的人，是一生幸福。

对的时间，遇见错的人，是一场心伤。

错的时间，遇见错的人，是一段荒唐。

错的时间，遇见对的人，是一声叹息。

❋ 心灵歌曲

《刚刚好》

演唱：薛之谦

经典歌词：

我们的爱情　到这刚刚好

剩不多也不少　还能忘掉

我应该可以　把自己照顾好

我们的距离　到这刚刚好

再不争也不吵　不必再煎熬

你可以不用　记得我的好

第十五节　端正学习动机，树立学习信心

心灵游戏

冲出包围圈

❤ **规则：**

假设你被敌人包围了，情况十分危急，包围圈是由许多同学手拉手围圈而成。要求你尽快想办法冲出围圈。可采取钻、跳、推、拉、诱骗等任何方式（以不伤害人为原则），力求突围挣脱，冲出包围圈。其他同学则站立，手拉手围成一个包围圈。外围的同学必须要尽全身气力、心计，绝不让被围者逃出。若圈内的同学从某两个同学手拉手的缝隙中逃出，则这两个相邻的同学双双要进入圈内作为被包围者。

倘若被围的同学灰心失望，一时冲不出"包围圈"，则可增加两名同学到圈内作为"突围者"，其他的同学可鼓励他继续努力。一段时间后，换其他成员。

❤ **我分享，我快乐：**

1.闯关突围会令人想起什么？

2.突围者成功了几次？失败了几次？失败的原因是什么？

3.突围者在活动中感受如何？单人作战容易吗？

❤ **心灵感悟：**

1.面临巨大危机的时候，保持冷静，不被困难所打败，要具有克服困难的信心、勇气。

2.要有解决问题的能力，仔细观察包围圈的薄弱环节，想出各种办法突击，或者寻求外界帮助，经过突击与围堵的反复较量，突围者往往会成功。

✦ 心知探索

一、学习的本质

我们每天都在学习，但你真的了解学习吗？

1.学习的含义及意义

"学习"一词最早见于《礼记·月令》"季夏之月，鹰乃学习"一句，指的是雏鹰学飞，习得行为。对此，我们可以这样来理解学习，学是认识，习是实践。学习就是认识和实践，是指通过阅读、听讲、思考、研究、实践等途径获得知识或技能的过程。

学习的内容，不仅包括知识学习，还包括技能和行为规范的学习，学习的途径，具有丰富的多样性。读万卷书，行万里路。学生不仅要重视学校学习，还要重视社会大课堂中的学习。

著名思想家荀子曾说，知而好学，然后能才。习近平总书记强调：善于学习，就是善于进步。对于中职生来说，善于学习是开发智力、丰富知识、开阔眼界的重要途径，更是未来高素质职业者应具备的一项职业素养。

♥ 心灵故事：

有人问一位老人："看您一直在学习，通过学习，最终得到了什么？"

老人答："什么都没有得到。"

再问："那您还学习做什么呢？"

老人笑答：告诉你学习让我失去的东西：我失去了愤怒、纠结、狭隘、挑剔和指责、悲观和沮丧；失去了肤浅、短视和计较，失去了一切无知、干扰和障碍。

学习的真谛不是为了加法，而是减法，为学日益，为道日损，提升的目的不是为了得到，而是彻底释放自己！

学习是为了遇见更好的自己，仅此而已！

2.终身学习

终身学习就是人的一生都要不断地、持续地学习。学习并不是仅仅发生在人一生中的某个特定阶段，而是一种持续一生的活动。

心灵故事：

满了吗?

一个徒弟向他的师傅辞行，"学满了，出徒了。"师傅未置可否，只是叫徒弟拿来一只桶并装满石头。

师傅问：满了吗? 徒弟答：满了。

师傅叫徒弟抓几把沙到桶里，没有溢出。

师傅问：满了吗? 徒弟答：满了。

师傅又叫徒弟撒一些灰到桶里，没有溢出。

师傅问：满了吗? 徒弟答：满了。

师傅再叫徒弟倒几瓢水在桶里，没有溢出。

师傅问：满了吗? 徒弟看着那只神奇的桶，突然双膝跪地，说："师傅，我知错了，我要向您学的东西太多了!"师傅笑笑，带着他的徒弟进山修行了。

毕业＝终点＋起点。毕业是终点，因为它意味着学校阶段的学习告一段落；毕业是起点，因为它又将成为你下一阶段学习的起跑线。

社会发展、科技进步要求个人不断提升，在一生的发展中我们会遇到各种各样的难题，这些难题不可能只靠我们在学校所学到的知识就可以解决，离开学校后，我们还需要继续学习，及时为自己"充电"。

只有不断保持求知欲，不断学习，你才有可能取得成功，不管是实习阶段，还是工作阶段，最终你都会独自面临新的环境、新的挑战。

终身学习的途径和方法：提升学历水平、短期培训、职业活动、日常生活、社会实践、读书、社会交往、生产实践、旅游、交友等。

心灵影片：

《少年派》中林妙妙迷恋上了网上直播，我们看看从林妙妙与父亲林大为的一段对话能得到什么启示。

大为：爸爸看了你的全部直播，想听听我的观后感吗? 你活泼可爱，有想法，有创意，但不隽永，绝大多数人在这宇宙中都是砂砾，但有些人在这宇宙中，至少在这个地球上他能砸出一个坑来，比如说孔子、苏格拉底、爱因斯坦、埃隆·马斯克……

妙妙：要是跟这些人相比的话，我可能永远都不会隽永。

林大为：18岁的女孩，不要说永远。你如果把时间用在跟这些古人圣贤交往上，即便是不考大学，做网络直播都会与众不同，现在网络上的一些观点似是而非，博人一乐，这个月看过了下个月都不想回顾。你如果读了书，有了分辨力，再去追求自己的梦想，有了自己的观点就不会人云亦云了，现在网络流行的那些语言，什么有钱任性，知道不知道古人早就说过……

妙妙：他们说过？

林大为：当然说过，家有千金，行止由心。

妙妙：我真是跪了。

林大为：膝行而前，以头抢地。

妙妙：我读书少你不要骗我。

林大为：君莫欺我不识字，世间安能有此事。

妙妙：真的假的，你惊着我了！

林大为：堪惊小儿啼，能开长者颐。

妙妙：哦趣，老林你太有水平了，我要开始粉你。

林大为：你不是粉我。你是粉腹有诗书气自华的人。你也可以，18岁你能用可乐瓶烤肉，能扎小丸子头，活泼又机智，如果你不辍读书，到了爸爸这年纪，那时候你会韵中有慧，文笔留香，读书吧！孩子！

妙妙：我从现在开始，还来得及吗？

林大为：什么时候都不晚。人一能之，己百之；人十能之，己千之。果能此道矣，虽愚必明，虽柔必强。

💗 心灵点拨：

不断学习，不断读书，做的事情也会与众不同。人活着一辈子可以做很多事情。你的自由度越高，你的人生越幸福，你的发展越有可能。要提高自己的自由度，就要先增加自己的本领。很多时候我们不得不在一个单位工作，可能就是因为我们的才华技能不够，有些技能可能需要在学校学习，但有很多技能可以自学，如文字排版、图像编辑等。关键是要去尝试。很多时候我们不知道自己有哪些天赋和特长，怎么办？不断去学习，不断去探索，不断去尝试。

希望你能够凭借终身学习这把金钥匙，开启属于自己的未来，提高自己的自由度，寻找到属于自己的宝藏。

二、端正学习动机

学习动机：激发和维持个体进行学习活动，并导致学习活动朝向一定学业目标的心理倾向或动力。学习动机是学习的动力之源。

下面是动机强度、效率水平、任务难易程度的一个曲线图。

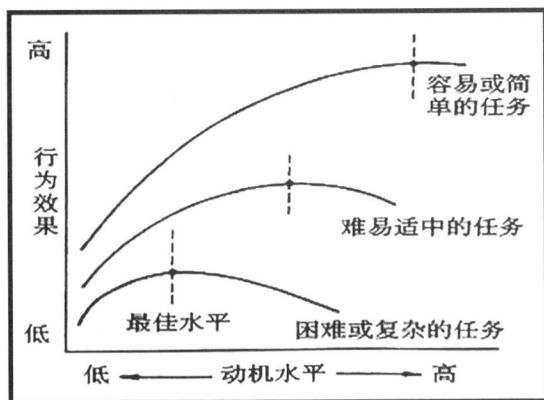

根据动机强度曲线，我们看到维持适中的学习动机水平，学习效果最好。

学习动机包括以下两种：（1）内在动机，指个体学习是因为内在的兴趣、好奇心、愉悦感和探索欲等，如"我努力学习是因为我觉得学习是一件很有意思的事情"。（2）外在动机，例如获得外部奖励以及父母、师长的赞许等。内外动机都能够对学习起到一定的推动作用，但是将外部动机转化为内部动机并且以内在动机为主时，我们才能充分感受到学习本身的乐趣，能主动地、自发地、积极地投入学习活动中。

读书或许并不是唯一的出路，但读书，至少能让你多一条出路。

♥ 心灵故事：

鹅卵石与钻石

一天晚上，一群游牧部落的牧民正准备安营扎寨休息的时候，忽然被一束耀眼的光芒所笼罩。他们知道神就要出现了，因此，他们满怀殷切的期盼，恭候着来自上苍的旨意。

神出现了，神开始说话了："你们沿途要多捡拾一些鹅卵石，把他们放在你们的马褡子里。明天晚上，你们会非常快乐，但也会非常后悔。"

说完，神就消失了。牧民们感到非常失望，因为他们原本期盼神给他们带来无尽的财富和健康长寿，但没想到神却吩咐他们去做这件毫无意义的事。但是，不管怎样，那毕竟是神的旨意，他们虽然有些不满，但是，他们还是各自捡拾了一些鹅卵石，放在他们的马褡子里。

就这样，他们又走了一天，当夜幕降临，他们开始安营扎寨时，忽然发现他们昨天放进马褡子里的每一颗鹅卵石，竟然都变成了钻石。他们高兴极了，同时也后悔极了，后悔没有捡拾更多的鹅卵石。

思考：这个故事的寓意是什么？

♥ 心灵点拨：

现在我们觉得没用的知识，就像鹅卵石，将来有可能变为无尽的财富。

著名作家王蒙说过："学习是一个人的真正看家本领，是人的第一特点，第一长处，第一智慧，第一本源，其他一切都是学习的结果，学习的恩泽。"

语文课上认的那些字，除了能帮你看懂说明书，也能让你恰到好处地表达自己的思想，比如将来向老板做汇报，给恋人写情书。

三、树立学习的信心

职校学习，新的开始，立足新起点，追求新卓越

观点一：职业学校好不好？

有同学说，我就是因为不是学习的料，才考进了职业学校，所以我也不准备努力学习，混到毕业就可以了。

他说的对吗？你有过这样的想法吗？真是这样吗？

观点二：我是不是学习的料。

有同学说，上初中的时候父母和老师说我不是读书的料，中考也没有考好，看来我真的是不适合读书了。

你也被父母和老师这样认为过吗？你不想证明一下自己并不像他们说的那样吗？

♥ 心灵实验：

曾经有心理学家做过这样一个实验：将一只小白鼠放进一缸水中，在孤立无援的情况下，小白鼠在水中仅仅挣扎了四分多钟就死了。实验者再将另一只小白鼠放入水

中。让它在水中挣扎了一分钟后将它捞起来，休息一下，然后又将其扔进水缸中，你们猜猜这只小白鼠的结果怎样？

这只小白鼠第二次被扔进去后，游了40多分钟，仍然没有放弃，后来实验者插根棍子让它爬了上来，实验者对助手说："没有人不愿帮这样一只'坚持'的老鼠！"

💗 心灵点拨：

（1）心态的重要性（第一只和第二只白鼠结局的区别）。

（2）成功经验的重要性（第二只白鼠为何坚持40多分钟？）。

（3）坚持的重要性（第二只白鼠的结局）。

（4）棍子的意义：周围人的帮助。

也许有时学习上的困难让我们感到绝望，就像上述实验中的小白鼠，但不要紧，重要的是我们要保持一种良好的心态。时时看到自己的进步，哪怕是很小的进步也能给我们信心，这种信心会增强我们坚持行动的勇气。还要懂得寻求周围人（父母、老师和同学）的帮助，只有这样我们才能快乐学习，把我们的人生路走得更远更踏实。

心理学有一个自我实现的预言：你想成为什么样的人，你自己就会自觉不自觉地去证明你自己就是这样的人；你认为你是很有力量的，你就很有力量；你认为你是一个容易失败，被别人抛弃的人，你就会找很多的理由证明你是一个失败者。

抑制性负面习惯思维模式："我不行""我很笨"……

这些抑制性负面习惯思维模式，是学习的主要障碍。

相信自己行，才会我能行；

别人说我行，努力才能行；

今天若不行，明天还能行；

能正视不行，也是我能行；

不但自己行，帮助别人行；

争取全面行，创造才最行。

对待学习，我们总以为压力来自于外界，其实它起源于你的内心，只有靠我们自己，才能将困难打败。

2022年5月1日，新修订的《职业教育法》正式实施。其首次以法律形式明确了职业教育与普通教育具有同等重要的地位，职业学校学生在升学、就业、职业发展等方面，与同层次普通学校学生享有平等机会。

当前，职业教育已经贯通了中职、高职、本科、研究生、博士的升学通道。职业教育从 2019 年开始探索本科层次试点，重点培养高层次技术技能人才。所以在职业学校学习一样可以前途广阔，大有可为。

四、知觉倾向助学习

每个人都有自己感觉通道的倾向性，了解自己的知觉倾向可以为学习提供有益的帮助。

1. 听觉通道

特征:口语表达能力极强，从小就喜欢听或讲故事，听课容易记住，反应速度快，思维敏捷，喜欢音乐、戏剧、朗读等表现力强的活动。

学习策略:学习环境保持安静，可以通过听课文录音、大声朗读、背诵来帮助记忆，也可以通过在小组中交谈、讨论等方法来促进学习，把思考过程用语言报告出来，有利于理清思路。

2. 视觉通道

特征：通过观看、观察、浏览，把所有输入的信息全部部转换为图像信息，然后再进行加工、记忆并采取行动。其观察力很敏锐，往往能发现别人没有注意到的东西。儿时可能会喜欢玩拼图游戏，长时间画画也不觉得厌烦。

学习策略：整理书桌保持整洁，勤动手整理笔记，将听到的重点尽快转化成文字图表或提纲，充分运用文字、图画、图案、符号、颜色、图表来帮助理解与思考，还可以用思维导图的模式来帮助预习或复习。

3. 动觉通道

特征：触动觉敏锐度最高，动手能力较强，在接触到能够触摸的东西或身体移动时，会使其更加有效地接受信息。善于运用动作和姿势把记忆内容表达出来。

学习策略：学习环境空气流通、光线充足。休息时做做伸展、跳跃或在屋子里走走，这样有利于精力集中。讲解某一原理时，应采用与生活相关的、具有可操作性的示例，可以亲身参与，动手做实验的学习效果更好。尽量采用互动式的教学，让思维活跃起来，比如设计情景进行英语对话。上课或阅读时最好手中有笔，因为书写也是身体动作的一个表现。建议多准备一些便条，制作些用于保存学习记录的学习卡片。

心理学的研究结果：

耳朵听一则材料，3 天以后，可以记住 10% 的内容；

眼睛看一则材料，3 天以后，可以记住 20% 的内容；

耳、眼并用，视听一则材料，3 天以后，可以记住 65%；

眼、耳、手并用，则可以记住 80%。

无论哪种知觉倾向类型，学习时都应当尽量把听、说、看、读、做结合起来，学会眼看、耳听、口念、手动、心记，积极地去感受所学的内容，以期达到最佳效果。

心灵测验

知觉倾向性问卷

1. 为了放松你喜欢：

（V）读书、看电视或录像 （A）与别人交谈或听点儿什么 （K）活动一下或运动

2. 告诉别人该怎么做时喜欢：

（A）告诉他们怎么做 （V）画图进行说明 （K）用手势和行动

3. 你最容易被什么分神：

（K）人或东西在周围动 （V）事物看上去的样子 （A）噪音

4. 独处时你喜欢：

（K）活动一下或做点儿什么 （A）打电话给别人或听收音机 （V）看电视／录像或阅读

5. 你解决问题的最佳途径是：

（A）把可能的解决方法都讲一遍 （V）回想实际的经验 （K）勾勒出可能的解决方案

6. 排队时喜欢：

（K）晃动、总是不安、动动手脚 （V）看过往的人或周围的景色 （A）自言自语或与别人交谈

7. 关心别人时你会：

（V）选择寄一张卡 （A）打电话 （K）拜访

8. 你拼写一个较难的单词时喜欢：

（A）听起来觉得是对的 （K）写起来是对的 （V）写出来、看起来是对的

9. 你喜欢你的事情：

（V）看起来是对的 （A）听起来是对的 （K）感觉是对的

10. 在班上你喜欢：

（A）听讲和讨论 （K）做实验和搞活动 （V）图表、图画和录像

11. 你更喜欢问：

（K）你知道了吗？ （V）你领会了吗？ （A）你听明白了吗？

12. 学诗歌的时候你会：

（V）反复地读 （K）不停地走动把握诗歌的节奏 （A）大声地朗读

13. 你判断别人的情绪时喜欢：

（V）看别人的脸 （A）听别人的声音 （K）注意别人的动作

14. 你喜欢什么样的幽默：

（A）不停说话的喜剧演员 （K）动作喜剧 （V）色彩丰富的喜剧和动画片

15. 在派对上你喜欢花大量的时间：

（K）到处转悠或跳舞 （V）观察正在发生的事 （A）和别人交谈或听别人讲话

16. 你喜欢怎样的解释方法：

（V）图表、图画、地图 （A）交谈、听课、讨论 （K）实践

17. 向朋友讲述在假日你会：

（A）打电话 （V）给他们看你的照片 （K）去看他们，与他们分享你的经历

18. 你买衣服时：

（V）颜色和样式最重要 （K）质地最重要 （A）别人的意见最重要

19. 什么情况下你能听得最清楚：

（K）你边走边听（或别人边走边讲） （A）闭上眼睛（或不看说话的人） （V）能清楚地看见说话人

20. 你最容易记住别人：

（A）说过的话 （K）别人做过的事 （V）别人的长相

问卷说明：

A 代表听觉倾向，V 代表视觉倾向，K 代表动觉倾向。

如果 3 种选项的数量基本一样（大约各 6 或 7），那么你没有很强烈的倾向。如果某一项选了 10 个以上则表明有强烈的倾向。

用最少的悔恨面对过去，用最少的浪费面对现在，用最多的梦想面对未来。

耕耘今天，收获明天。知识改变命运，能力决定人生。

克雷洛夫说："现实是此岸，理想是彼岸，中间隔着湍急的河流，行动则是架在河上的桥梁。"学习压力过重，对自己的未来担心，其主要原因还是对自己的能力没有足够的底气，所以快乐学习，除了保持积极的心态，还需要我们自信地付诸行动。

✴ 心灵图片

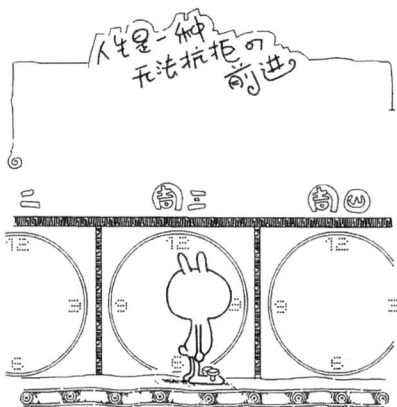

✴ 心灵寄语

业精于勤，荒于嬉；行成于思，毁于随。

——韩愈

成功 = 艰苦劳动 + 正确方法 + 少说空话。

——爱因斯坦

书到用时方恨少，事非经过不知难。

——陆游

每天认真一点是进步的开始，每天进步一点是成功的开始，每天成功一点是卓越的开始。

心灵歌曲

《蜗牛》

演唱：周杰伦

经典歌词：

该不该搁下重重的壳，寻找到底哪里有蓝天；

随着轻轻的风轻轻地飘，历经的伤都不感觉疼；

我要一步一步往上爬，等待阳光静静看着它的脸；

小小的天，有大大的梦想，重重的壳裹着轻轻地仰望；

我要一步一步往上爬，在最高点乘着叶片往前飞；

小小的天，流过的泪和汗，总有一天我有属于我的天。

第十六节　掌握记忆方法，提高学习能力

心灵游戏

四面护法

规则：

请同学们集中注意力，当老师喊一个同学姓名的时候，该同学前、后、左、右四面的学生要立刻起立。前面和后面同学举起左手，左右面的同学举起右手。

我分享，我快乐：

1. 这个活动给我们带来哪些启示？

2. 我们应如何安排自己的学习生活？

心灵感悟：

1. 活动体现了注意力的转移。注意力的转移是指能主动地、有目的地从一个对象调整到另一个对象。注意力转移对学习和生活非常重要，要知道什么时候应该转移，什么时候应该集中，这样才能利用好这个"法宝"。

2. 课间 10 分钟，也是因为注意力集中（保持）一段时间后，会感觉到疲劳，需要时间来转移下注意力。假设这节心理课后是数学课，我们就需要从现在的发散思维马上转到数学的逻辑思维上，这种转换有助于我们培养灵敏的思维。

心知探索

有这样一个点石成金的传说。从前有一位仙人，他拥有令世人艳羡的仙术：手指轻轻一点，石头瞬时变成黄金。有一个小伙子看了倾心不已，但他却不要黄金，因为他知道，金子固然宝贵，但更宝贵的是获得金子的方法。

假如，你是那个小伙子，要黄金还是要获得黄金的方法呢？相信绝大多数的同学都

会选择获得黄金的方法。由此及彼，我们会想到，知识和能力固然重要，但更重要的是拥有获得知识和发展能力的方法。

法国著名作家贝尔纳认为，良好的方法能使我们更好地发挥运用天赋的才能，而拙劣的方法则可能阻碍才能的发挥。只有掌握科学的学习方法和策略，我们才算找到了开启知识宝库的钥匙，才能在茫茫学海中遨游。所以，掌握科学的学习方法和策略尤为重要。

一、学习有方法

成功必有方法，失败必有理由。我们要掌握科学的学习方法。

1.加减乘除法

加：整理书本、书包，保持整洁的环境。

减：2个小时的学习时间减去10分钟，用来放松，呼吸新鲜空气，听歌。

乘：几个要好的同学一起复习、提问。

除：把非常难的事情分段去做，得到成功的体验。

2.学习的流程：

预习→听讲→复习→练习（作业）→评价（考试）。

课前预习找难点，上课听讲抓关键；

课后复习摸规律，典型习题反复练。

多观察，勤动手，在学中做，在做中学。

俗话说得好：最淡的墨水胜过最强的记忆，千万不要忽视笔记的力量。

二、集中注意力

1.注意力的含义

注意力是我们大脑的"警卫员"，只有注意到了，才会有后续的思考和回忆。

注意力是指能将视线或意志集中在某一事物上并且持续一段较长的时间，而不被外界事物所干扰的能力。它是智商重要的构成部分。成功者具有更好的注意力，对人生和事业更专注、更执着。

2.影响注意力的因素

睡眠时间：作息规律、保证充足睡眠。

健康状况：加强锻炼，科学膳食。

情绪状态：心态平和，学会调节情绪。

兴趣爱好：培养兴趣、爱学乐学。

心事繁杂：整理心事、理性对待。

注意习惯：自我提醒防走神，积极训练调整。

环境因素：培养意志力，抵抗各种干扰。

3. 训练方法

"舒尔特表"训练法是国际通行的一种最常见和最有效的注意训练方法。

在一张有 25 个小方格的表中，将 1—25 的数字打乱顺序，填写在里面。然后以最快的速度从 1 数到 25，要边读边指出，同时计时。

研究表明：7—8 岁儿童按顺序寻找每张图表上的数字的时间是 30—50 秒，平均 40—42 秒；正常成年人看一张图表的时间是 25—30 秒，有些人可以缩短到十几秒。

你可以自己多做几张这样的训练表，每天训练一遍，相信你的注意力水平一定会逐步提高！

舒尔特方格图

25	13	20	3	15
8	23	6	14	10
5	17	12	24	1
4	19	18	7	11
21	9	22	2	16

三、及时复习

俄罗斯著名教育家乌申斯基说过这样的话："一个不复习的人，就好像赶着一辆破牛车，上边装满许多捆绑很松的货物，而他只管赶路，等到达目的地的时候，车上的货物已经所剩无几，他还得意地夸耀自己走了多么远的路。"但我们应该明确，我们的目的不是在于走出多远的路，而在于"满载而归"。

德国著名心理学家艾宾浩斯在关于记忆的研究中把他的研究结果绘成了一条曲线，这就是著名的艾宾浩斯遗忘曲线。横轴代表学习后经过的时间，纵轴代表记忆的数量。由该图可知，在学习后 20 分钟，我们已经忘了原有知识量的 42%，在学习后 1 小时，我们已经忘了将近一半知识，学习 1 天后只能记住原有知识量的 26%，1 个月后只能记住 21% 的知识了。艾宾浩斯遗忘曲线告诉我们，及时复习不仅是遵守遗忘规律的表现，更能取得事半功倍的学习效果。

根据遗忘规律，应如何复习？

第一次复习：学习新知识后及时复习，比如下课前，老师做归纳时，回忆一下要

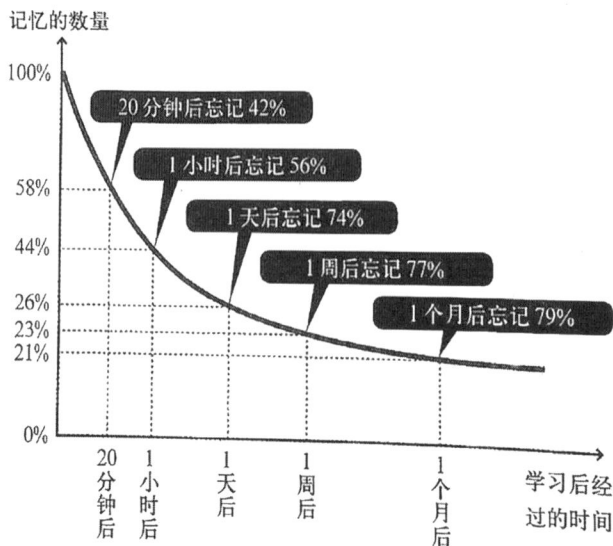

点，发现有不清楚的地方及时查对笔记和课本。

第二次复习：在第一次复习的同一天晚上，看看课本或笔记，用自己的话复述要点，或背诵已记忆的内容，也可以像放电影一样回想当天学习的各科知识，发现问题，第二天早晨及时复习。

四、多样的记忆方法

记忆是指人脑对过去经验的保持和再现。过去经验是指感知过的事物、思考过的问题、体验过的情绪、练习过的动作。

记忆的方法多种多样，大家需要找到最适合自己的记忆方法，从而提高记忆效率。

（1）系统记忆法

零碎的知识点、零碎的定理公式容易忘却，如果把知识系统化、条理化，就会在脑海中留下深刻的印象，不易遗忘。

◆ 1917 年俄国十月革命给中国送来了马克思主义，两年后爆发的五四运动为中国共产党成立作了准备，再过两年中国共产党诞生。这样，利用因果关系就容易记住 1917—1919—1921 这三个重要的历史年代。

◆党的一大是 1921 年，二大是 1922 年，三大是 1923 年，按加一递增。

◆记忆圆形、扇形、弓形的面积公式时，首先抓住这三种形状的关系：扇形是圆形的一部分，弓形又是扇形的一部分，然后再把几种图形面积的公式串起来。

用思维导图记单词也是系统记忆法的体现。

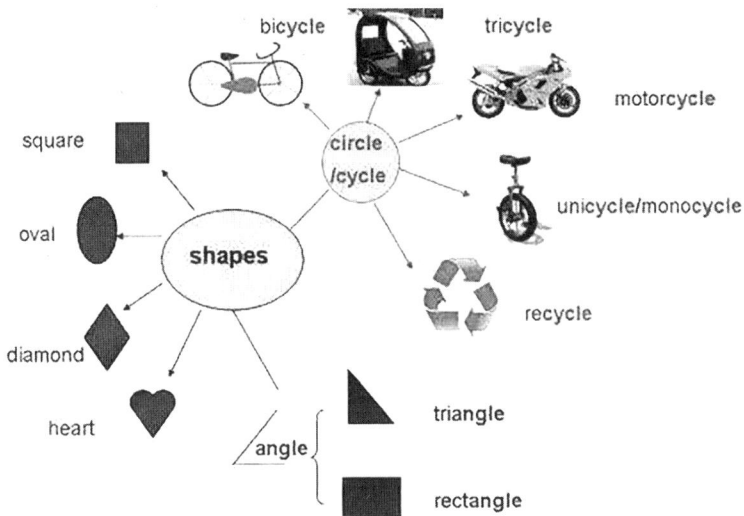

（2）歌诀记忆法

心理学实验证明：10 个无意义无韵律的字要背诵 23 遍才能记住，而 10 个无意义有韵律的字只用 14 遍就可全部记住。

实践经验也证明：有节奏、有韵律的材料比没有节奏和韵律的材料好记得多。歌诀具有语言和谐押韵、节奏有序、便于上口的优点，因而将材料编成歌诀便于记忆，例如编成顺口溜、打油诗、歌曲。

◆领带打结

1/3 准备—开始，

左边大，右边小，

大头绕着小头跑。

左一道，右一道，

再缠一圈就系好。

◆《历史朝代歌》

夏代商代与西周，

春秋战国乱悠悠；

秦汉三国晋统一，

南朝北朝是对头；

隋唐五代又十国，

宋元明清帝王休。

◆素描

素描如真，重在排线。

先定边缘，再画外框。

定型不急，调子为先。

排线莫乱，阴影莫忘。

细节不急，明暗为主。

若有闲暇，再铺背景。

◆数学

交并补 so easy，

小大大小是交集，

小小大大是并集，

补集就是找伴侣，

一元二次不等式，

其实也容易，

Δ 大小最重要，

复变正要变号，

其次就是解方程，

套表格来收尾。

◆电工电子

电阻测量要注意，用前说明看仔细，

量前指针要归零，量程开关要合适，

刻度读数要明确，正负接线不要乱，

串联并联要分清，拨动量程要断电，

电表寿命要长久，电工其实很容易。

◆王菲的歌曲《但愿人长久》，可以帮助记忆苏轼的《水调歌头》。

◆《念奴娇》可以用周杰伦的《稻香》曲调来唱。

（3）谐音记忆法

◆圆周率的数值为 3.14159，依谐音背成"山巅一寺一壶酒"。

◆马克思生于 1818 年，逝世于 1883 年，那么可以这样记，"一爬一爬（就）爬（上）山了。"

◆战国七雄：齐楚韩燕赵魏秦（七叔含烟找围巾）。

◆用谐音法记忆一次绝对值不等式的解集：

｜x｜＞a，则 x＞a 或 x＜-a。

｜x｜＜a，则 -a＜x＜a。

可记作："大鱼取两边，小鱼取中间。"同时联想到吃大鱼只吃两边的肉，而吃小鱼掐头去尾吃中间。

（4）联想法

◆淝水之战发生于公元 383 年。

通过淝可联想到肥胖，由肥胖想到胖娃娃，而 8 字的两个圆正好是胖娃娃的头和身体，两个 3 则是两个耳朵。这样一想就记牢了。

◆我们想要记住云南省的轮廓图，就可以把云南省想象成一只美丽的孔雀；想要记住贵州省，可以把它想象成一片树叶的形状；对于陕西省，我们可以想象成一个兵马俑。

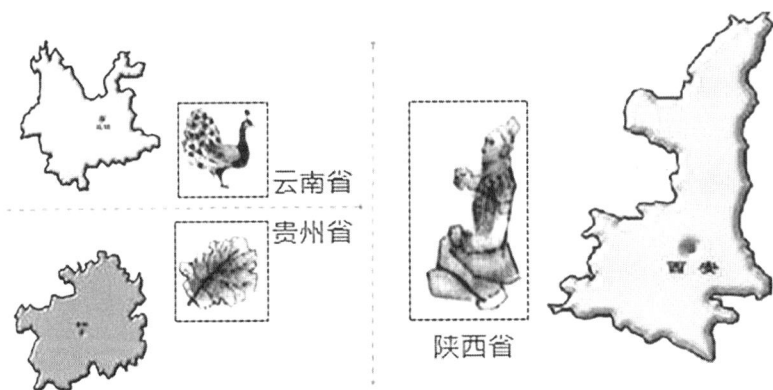
云南省
贵州省
陕西省

奇特联想

①夸张，违反常理，越不可能发生的记得越清楚。

②动态的比静态的记得清楚。

③越刺激的记得越清楚。

④加入个人的感情、情绪进去会更清楚。

◆火车、河流、风筝、大炮。

奇特联想：火车在河流上奔跑，风筝跟着大炮在飞！

（5）配对记忆法

◆浓盐酸的密度为 1.19g/cm³，火警电话为 119，张骞第二次出使西域的时间为公元前 119 年。

◆地球陆地面积为 1.49 亿 km²，地球距太阳的距离为 1.49 亿 km。

（6）运算记忆法

◆加法。例如，李时珍于 1578 年写成闻名世界的药物学巨著《本草纲目》，可想为 15=7+8。

◆减法。例如，周平王东迁，东周开始的时间是公元前 770 年，可想为 7-7=0。

◆乘法。例如：1644 年清军入关，明朝灭亡，可想为 16=4×4。

◆除法。秦于公元前 221 年统一中国，可想为 2÷2=1。

最后提供十个记忆要诀，供同学们参考。

背诵——记忆的根本；理解——记忆的基础；

趣味——记忆的媒介；应用——记忆的动力；

卡片——记忆的仓库；争论——记忆的益友；

重复——记忆的窍门；联想——记忆的捷径；

简化——记忆的助手；整理——记忆的措施。

学习方法有很多，但只有适合自己的才是有效的。如果你现在取得了学习上的成功，那就继续努力；如果你还在为自己没有在学习上取得成功而苦恼，那就请相信不如意只是暂时的，一旦找到原因，成功会慢慢向你靠近。改变心境，磨炼意志，向着目标前进吧！

✦ 心灵图片

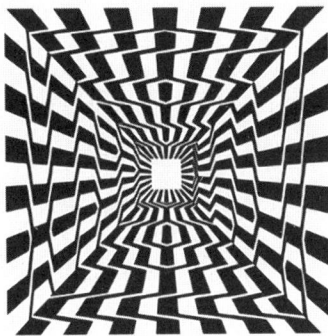

这些方形方吗?

✦ 心灵寄语

自信创造奇迹,拼搏续写神话。脚踏实地山让路,持之以恒海可移。

把美好的明天放在心中,握在手中,实现在奋斗中。

逆水行舟用力撑,一篙松劲退千寻。

——董必武

才能一旦让懒惰支配,它就一无可为。

——[俄]克雷洛夫

✦ 心灵歌曲

《但愿人长久》

演唱:王菲

经典歌词:

明月几时有,把酒问青天。

不知天上宫阙,今夕是何年。

我欲乘风归去，

唯恐琼楼玉宇，

高处不胜寒。

起舞弄清影，何似在人间？

转朱阁，低绮户，照无眠。

不应有恨，何事长向别时圆？

人有悲欢离合，

月有阴晴圆缺，

此事古难全。

但愿人长久，

千里共婵娟。

特色心理活动课

第十七节　创意时装秀

心灵游戏

从 A 到 B，看我"走过来"

规则：

1. 确定 A、B 的位置。

2. 目的是从 A 走到 B。

3. 每个同学都必须从 A 点走到 B 点，且前面的同学用过的方法不能再用了。

4. 只能一个一个通过。

5. 监督员是所有的学生，有重复的走法让我们把他赶回去重新来过。

我分享，我快乐：

1. 从这个游戏中大家学到了什么？领悟到了什么？

2. 当听到要用不同的方法走过去的时候，你是什么样的心情？是不是觉得不可能？

3. 你又是如何找寻到不同的方法的？

心灵点拨：

1. 把握机会，前几个人选择的空间大。发展发散思维，要有多种预案，具有随机应变的能力。创造力无限，突破自己，没有人走不过去。

2. 在学习与生活中，如果我们习惯了只用单一的思维方式去考虑一些事情，往往在遇到一些问题的时候会感到束手无策，我们的思维被局限了，因此空间也变得狭窄了，我们会变得困惑，生活也失去了一些色彩。有时候并不是世界变小了，而是我们的思维"变小"了。如果我们能学会用一种新的思维方式去考虑问题，让思维解放，就会峰回路转，柳暗花明又一村。

3. 正走与倒走，跳着走，蹦着走等，方法具有多样性，在观察、总结别人做法基础上有所创新，相信自己的潜力，树立自信，以积极心态去迎接挑战、超越自我。

心知探索

一、创新与创新思维

"综合国力"竞争说到底是创新的竞争。创新是引领发展的第一动力。抓创新就是抓发展，谋创新就是谋未来。伴随着中国经济发展进入新常态，习近平总书记对创新的重视与日俱增。习近平强调"创新始终是推动一个国家，一个民族向前发展的重要力量"。

1. 创新的内涵

创新是以新思维、新发明和新描述为特征的一种概念化过程。其起源于拉丁语，原义有三层含义：第一，改变；第二，更新；第三，创造新的东西。

创新是一种用充满想象力的方法来解决问题，想他人所不敢想，谋他人所不能谋。

2. 创新的意义

创新是一个民族发展的灵魂，创新也是创业发展的生命和动力。在创新中创业，将会加大成功的筹码；在创业中创新，创业才能拥有巨大的发展空间。

创新是一种态度，这种态度让我们拥有无数的梦想，让我们在创业中去主动挖掘自身的潜能。

创新是一种能力，这种能力让我们在瞬息万变的社会中立足，充分展现自己的个性，实现我们的梦想。

3. 创新能力的提高

创新能力包括冒险、挑战、好奇和想象。

（1）让创新成为习惯

学贵心悟，守旧无功。学而不思，则如蜻蜓点水、浮于表面；思而不学，只会墨守成规、唯例而用。要善于思考，把创造的热情和科学态度结合起来，始终保持强烈的求知欲望和积极的进取精神，带着创新的思想去学习和生活。

（2）做个有心人

仔细观察，善于联想，就能创新。如无数人看到苹果落地，却只有牛顿能产生地心引力的联想。这主要是牛顿在平日里就培养出感受环境变化的敏锐观察力，因而才能够先知先觉地形成创意构想。

（3）打破固定的思维方式，发展创新思维

任何的限制，都是从自己的内心开始的，所以要打破固定的思维方式，发展创新思维。

创新思维的特点：求异、灵活、突发、整体性、新颖性。

逆向思维：对司空见惯的似乎已成定论的事物或观点反过来思考的一种思维方式。众所周知的"司马光砸缸救人"的故事就是逆向思维的精彩范例。当时，按照一般的习惯，救人思路是"人离开水"，可是在场的小朋友没有一个能胜任。而司马光果断地搬起石头，砸破水缸，水流走了，落水的小朋友也得救了。

发散性思维：沿着不同的方向、不同的角度去思考问题，多方面地寻找解决问题的新出路或答案的一种思维方式（如一题多解、一事多写、一物多用）。

💗 **心灵思考：**

报纸有哪些用途？

A. 阅读；B. 包书皮；C. 糊窗户；D. 引火；E. 做包装纸；F. 铺桌子；G. 当坐垫；H. 练书法；I. 剪（折）纸；J. 寻人；K. 做广告；L. 叠成扇子；M. 叠成钱包；N. 遮阳伞；O. 做服装；P. 做帽子；Q. 吸水；R. 当抹布；S. 当鞋垫；T. 卷烟；U. 做鞭炮；V. 做铅笔；W. 做剪报；X. 卖废品；Y. 历史资料；Z. 接头暗号。

还可以用报纸做衣服！

一张平面的报纸如何制作成立体的衣服？

报纸有易碎、易皱的特点，而正是因为它的独特，制作出来的衣服也有特色，如团一下报纸，变皱了，可做成皱褶的衣服；撕一下报纸，边缘很毛糙，很像草裙；卷一下报纸，变长条，可做腰带，也可装饰。不同的方法能激发大家的创作灵感，带来不同的感受。

💗 心灵体验：

二、创意时装秀

同学们都看过时装表演，今天的时装秀就在我们班级。

1. 任务说明书

任务：每个小组在 60 分钟内设计出两套有创意的衣服。

模特：两人。

设计师：设计、撕形、剪、贴、装饰。

解说：一至两人。

工具：报纸、胶带、身边一切可以利用的工具（餐巾纸、围巾、雨伞等）。

2. 程序

（1）模特走台。

（2）解说人员介绍作品的构思和名称或最得意的地方。一分钟时间为你们小组争取的奖项拉票，奖项设置如下：最佳创意奖；最佳模特奖；最佳解说奖；最佳纪律奖；最佳合作奖。

解说范例：该款服装以报纸为主要原材料，突出环保和健康的设计原则，款式新颖，同时扇子是中国一种特殊文化现象。历来文人墨客喜欢在扇子上面题诗作画，言情托志。扇子之"扇"与"善"谐音，扇子也寓意"善良""善行"。

（3）拍照留念。

3.总结提升

一件成功的作品，凝聚着集体的智慧与力量。

拍案叫绝的创意，精彩纷呈的新衣，充满智慧的寓意。大家具有丰富的想象力和艺术的创造力，作品体现了我们对美的理解和追求，对传统的挑战与个性的张扬，用自己的语言和方式，诠释了富有时代特征的"时装"意义。

最后有一句话要送给大家，打破常规，跳出框框，灵活应对生活，一定到达成功的彼岸！

✿ 心灵寄语

不断变革创新，就会充满青春活力；否则，就可能变僵化。

——歌德

发明就是和别人看同样的东西却能想出不同的事情

——艾伯特·詹奥吉

没有大胆的想象，就没有伟大的发现。

——牛顿

千人同心，则得千人力；万人异心，则无一人之用。

——《淮南子·兵略训》

✿ 心灵图片

神秘画中画

心灵作业

下图中有9个圆点，请用一笔4条直线把9个点连接起来，线与线之间不得断开，且每个点只能经过一次。

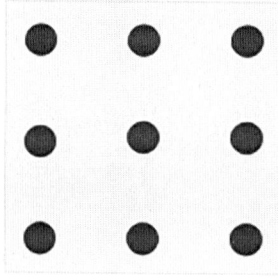

第十八节　团体沙盘游戏：我的校园生活

心灵游戏

我是谁？

💗 **规则：**

1. 每个小组的同学依次到沙具架前拿 3 件沙具，要求这 3 件沙具能够代表自己个性特征或表达自己。

2. 用这 3 件沙具向小组成员介绍自己，来达到互相了解的目的。

3. 小组任何一个成员都要向小组其他成员索要沙具，被索要时可以选择给，也可以选择不给。

4. 5 分钟内索要得最多的成员，被选为这轮的庄家（第一个动作者）。庄家引领过程、带领分享。

💗 **我分享，我快乐：**

1. 你喜欢的沙具是什么？你和沙具有什么样的故事？

2. 你是如何向他人索要沙具的？效果如何？如果被拒绝了，你会有哪些感受？

3. 别人向你索要沙具，你给了吗？不想给的时候你是如何拒绝的？

💗 **心灵感悟：**

1. 沙具的象征意义只带有一定的倾向性，不是定性的判断，因此，对沙具进行解释时不能绝对化或者贴标签，要以自己的感受为主。

2. 索要沙具的过程要动之以情、晓之以理。索要成功会很开心，如果被拒绝了，这也是正常的，每个人都有选择给与不给的权利。

3. 被索要的成员要看这个沙具是否是自己最喜欢的，是否真心愿意给他人。如果不愿意送给对方，可以委婉拒绝：这个沙具对我有着特别的意义，我很珍惜，不能送给你，希望你能够理解。

沙内有乾坤，盘中即宇宙。方寸之间，见证天地。沙盘的世界里，上演着现实世界里的爱恨情仇、人生百态、喜怒哀乐，这里也会有刀光剑影、惊心动魄。今天的主题沙盘课让我们一起感受沙盘游戏的神秘、神奇和神圣，在沙盘的世界里，见证彼此的成长！

一、课前准备

根据学生人数分组，6—7 人为一组，选出组长。分发沙盘游戏的文字资料：沙盘游戏的含义及意义。

💗 心灵体验：

二、课堂公约

1. 团体沙盘游戏规则

团体沙盘游戏是有规则的游戏，要遵循"一摆、二不、三交流"的规则。

一摆：每人每轮只能操作一次，摆放一个沙具或完全相同的几个沙具，或者移动自己的沙具，或者动沙。

二不：不能在挑选和摆放沙具时交流；不能触碰他人已摆好的沙具。

三交流：你挑选的沙具是什么，为什么喜欢这些沙具；小组成员共同完成沙盘作品的过程中，你有什么感受，为沙盘作品命名，讲述出沙盘作品让你感受到的故事。

2. 宣誓活动

指导语：小组成员手拉手站好，用手的力度来告诉同伴你的宣誓是认真的，用坚定的眼神来告诉同伴你是真诚的。

我宣誓：我要爱护沙具，轻拿轻放，不能动他人的沙具。要关爱、欣赏我的组员。耐心倾听，对他人的故事不能指责和批判。

宣誓人：（自己的名字）

三、操作过程

1. 主题分析：我的校园生活

进入中职阶段，展现在你面前的是怎样的风景？在这里，你遇到了哪些老师和同学，有哪些奇妙的经历？每天的学习、生活发生了怎样的变化？这些变化将在你的成长中留下何种印记？

2. 冥想导入：闭眼抚沙冥想

让我们轻轻把手放入沙盘中，慢慢闭上眼睛，调整呼吸，放松自己，用你觉得舒服的方式抚摸沙子，摸、抓、握都可以，细细体会沙子带给你的感觉，享受此刻的宁静。

来到学校已经两个多月了，提到校园生活，映入你脑海中的是怎样的瞬间；在学校的这段日子里你遇到了哪些让你印象深刻的人和事，想到后记住它们，一会儿让我们在沙盘中把它们摆出来。

3. 实践操作

设置：庄家决定成员挑选和摆放沙具的顺序，第一个人回来后第二个人才可以去。

挑选：每个人到沙具架前挑选 3 个喜欢的沙具。

交流：感受沙具，握在手里，分享自己和沙具的故事。

摆放：每人每轮只能放一个沙具，或者动沙。

注意事项：

（1）本课可以拿 3 轮沙具，限时 20 分钟。

（2）每人每轮只做一件事情，摆放一个或相同的一组沙具，或移动自己的沙具，或动沙。也可以选择在某一轮放弃，什么东西都不摆放。

（3）除了分享过程都不允许成员说话，以免相互了解意图。

（4）最后一轮中，每人都摆完后还可以有一次修饰的机会，对整个作品进行调整，修改自己原有沙具的位置，拿走也可以，但不能触碰别人的沙具。

4. 分享交流

小组分享：

（1）你拿的沙具是什么？你为何选这些沙具？

（2）小组成员共同完成沙盘作品的过程中，你有什么感受？让你印象深刻的沙具或场景是什么？有无不喜欢的部分？别人摆放沙具时，你有什么感受？

（3）请站起来，围绕你们小组的沙盘，从不同角度看一看，再次感受一下，看看是否需要调整。

（4）为沙盘作品命名，讲述出沙盘作品让你感受到的故事，最后组内统一作品名称并派代表在全班面前分享。

全班分享：组长拍照，把照片发到群里，老师再将照片投放到大屏幕上。

每组派解说员汇报：说出作品的名字，讲述沙盘故事，分析画面美在哪里或有创意的地方。

解说范例：曲折过后的埃菲尔。

沙盘故事：我们在美丽的校园里勤奋学习，都有着属于自己小世界的瞭望塔，在那里有着我们对未来的憧憬与渴望，未来美好的幸福生活在向我们招手，我们一同乘着梦的游轮，从困难中收获，从挫折中成长，扬帆起航。我们终将会翻过梦想之桥，踏上宝石一般晶光闪闪的道路，终点，便是充满幸福的"埃菲尔"。

画面美在瞭望塔附件的景色，让人心旷神怡，充满希望。

5. 拍照、拆放沙具

以小组正面及反面的角度、自己的角度、俯视的角度拍照留念，活动结束后，把沙具按类别整齐摆放回沙具架里。

6. 评奖加分

根据小组评价表，师生共同评选出最佳合作奖、最佳画面奖、最佳纪律奖、最佳解说奖。

四、总结提升

1. 家国情怀

有国才有家，家是最小国，国是千万家。学校是我们第二个家，我们要爱护我们的家。

2. 校园生活是一段丰富多彩的人生旅程

每一次不轻言放弃的坚忍，都会让我们收获更多成长的喜悦；每一次业精于勤的自我鞭策，都会让我们增进奋进的勇气和信心。让我们一起享受成长，享受校园生活，享受生命的馈赠！

3. 团队合作

我中有你，你中有我，和谐的沙盘画面。

这是一节快乐的活动，快乐来自成功的团队合作，来自积极的追求和表现，来自同伴的认同与鼓励。

4.规则意识

规则的设置可以让每一个成员理清边界，尊重他人，做好自己，更好地感受自由表达的畅快，感受来自小组成员给予的安全感。

思考：你在哪些方面触碰了规则？沙盘制作的规则与生活中的规则有哪些联系？对规则与自由的关系你有哪些思考？

心灵故事：

一个风筝在高高的天上自由自在地飘着，脸上显现出的是轻松得意的神情。忽然，它低头一看："哎呀，我再怎么自由、潇洒，也都还是被那根线牵制着的呢，还要受地上的那个小孩控制呢！这怎么行？对了，如果我不再受那小孩的控制又会如何呢？哈哈……那样的话，我一定会获得更多的自由！"

想到这儿，风筝趁着一阵大风，使劲挣脱了线的牵制——失去了线牵引的它本以为会获得更大的自由，但没想到，它竟摇摇晃晃地往下降，最后一头扎到了地上！

心灵点拨：

有规矩才能成方圆。

纪律和自由的关系：自由离不开严明的纪律，纪律是对自由的保障。遵守校规校纪正是对自由的保障。

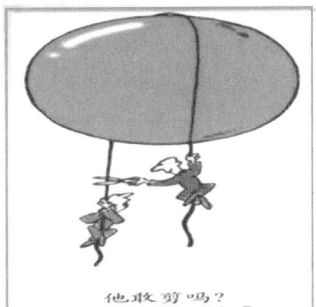

纪律和自由的关系

他敢剪吗？

心灵图片

你能看到几种景象？要学会全面地看问题。

心灵寄语

当你明白规矩第一，人情第二时，你已经敲开了人与人最难的一扇门。

当你知道团队第一，个人第二时，你已从小我走向了大我。

当你清楚诚信第一，聪明第二时，你会明白小聪明只是一时，而信任才是一世。

当你懂得实力第一，人脉第二时，你才会明白只有自己做到了，才会有人真的尊重你！

当你学会忠诚比能力更重要时，你才是一个既懂得感恩又能担当大事的人！

第十九节　绘画心理分析

心灵游戏

团体接龙画

💗 规则：

1. 每位同学选择一个主题（思考 20 秒），选择一种颜色的画笔。

2. 每位同学用 20 秒时间，将所要表达主题用绘画作品体现，逆时针循环让其他组员依次完成添加，最终组成各自预期的作品。

3. 组员依次循环轮流添加画，每人 15 秒时间，共进行 4 轮。

4. 绘画过程不能交谈，用画来说话。

5. 团体成员可以选择在某一轮跳过或弃权，甚至可以中途退出。

💗 我分享，我快乐：

1. 汇总一下，你都画了些什么？都在哪些位置？你怎么理解的？

2. 如果还有机会的话，你想就作品中的哪部分进行修改？为什么？

3. 小组成员给画起名字。

4. 通过这次接龙画你有哪些感悟？迁移到学习生活中，你想做哪些调整？

💗 心灵感悟：

现代社会，个人总是渺小的，需要靠团队协作才能有效地发挥作用，才能完成团队的使命和自我的理想目标，要不断提高自己对团体和对规则的认识，强化团队意识。

随着团体绘画的逐步深入，每个成员都会不断修正自己的思路，调整自己的绘画内容，关注他人所画内容，最终完成团体的目标，从作画互动中，认识自己在团体中的位置和重要性。

绘画，几乎是一门人人都能从事的艺术，它是最原始、最真实的语言，是信息传递、情感表达最直接的方法。通过绘画，我们可以表达情绪，发挥自己的丰富想象力。

一、《画出我的一天》的教学实践过程

1. 指导语

目标是心中的罗盘，目标成就未来。成功，需要明确的目标和方向，因为有目标，才会执着地去追求。千里之行，始于足下，一分耕耘，一分收获。完善好自己的目标后，要想实现目标，我们还需要把握好生命中的每一天。现在通过《画出我的一天》这个绘画活动，开启未来美好的明天！

现在同学们都拿到了两张印制好 3×3 格子的纸，大家可以从右下角按逆时针顺序画到中心。在第一张纸上画出自己现在每天做的 9 件事，在第二张纸上画出自己未来实现职业理想时一天做的 9 件事。9 个格子尽量画，画不满也没有关系，实在不能用图表达时，用文字、图形、符号也可以。最后给每幅画配上简单的文字说明，第一张图标注出你的近期目标有哪些，第二张图标注出你的远期目标有哪些。目标要详细具体，标注出实现目标的具体时间，完成后用手机拍照上传到教学互动平台。

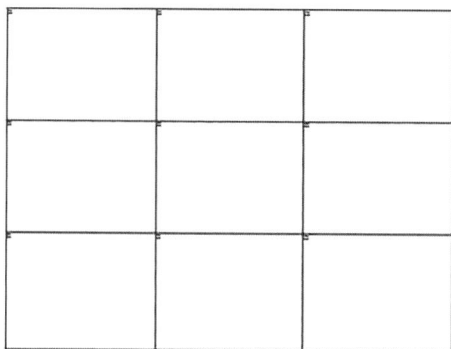

我的近期目标

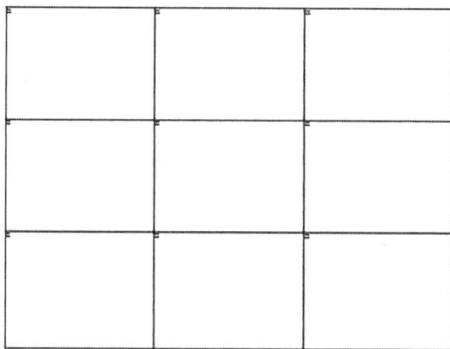

我的远期目标

2. 交流分享

（1）同学们先观看第二张画，看看自己的远期目标是否明确具体，具体画了什么内容。

有理想会使一个人对生活充满激情与希望，有目标会激发其内在的潜能，产生向上向善的动力。

确定发展目标是达成目标的关键。每一个人都有自己人生的目标，但又不尽相

同。远期目标要明确具体，未来每月想赚多少钱？想在哪里买房？买多大面积的房子？在什么样的公司上班？有哪些休闲活动？生活中有哪些人陪伴？

（2）你们设定的目标是否合理？在你设想的年龄阶段是否能够实现？

明确目标，能够激励自己勤奋学习、积极进取。但是适合自己的目标才是最好的目标，目标过低，缺乏动力；目标过高，会焦虑和失望。

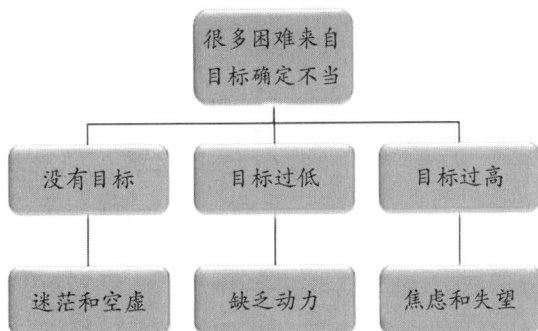

（3）目标设定后，我们通过什么途径来实现这样的远期目标？

看不到未来者，掌握不住现在；掌握不住现在者，看不到未来。远期目标的实现是通过近期目标的完成来实现的，同学们在校期间如果能够通过勤奋学习获得知识，通过各项活动提升自己的能力，不断完善自己的性格，将来一定可以实现自己的目标。

（4）我们再看看自己的第一张画，探讨一下近期目标是否有效。

近期目标就是对自己在校学习期间所要完成的任务及标准。

有效目标的标准：

①目标要明确、具体。

②通过努力能够达到。

③严格的时间限制。

④具有可评估性。

近期目标要务实、具体，要脚踏实地，不好高骛远。例如：

近期目标：优秀中职毕业生（2023—2025 年）。

学历目标：在中职学校读书的两年里每门功课优秀，获得国家奖学金。通过计算机等级考试。

职务目标：学习委员。

能力目标：熟练操作计算机软件，能够团结同学，做好老师的好帮手。

（5）我们应如何安排具体的生活？以我们现在的状态是否可以实现自己的目标？

目标不是空洞的口号，需要行动来证明，我们每天做的事情就是指落实目标的具体措施。每个人在所拥有的时间里选择做的事件，决定了他以后的生活质量。比如，在上学的年龄，你既可以选择好好学习，也可以选择逃学。在工作的时候，你既可以选择认真工作，也可以选择消极怠工。但是无论你选择的是什么，这些被选择的事件都会影响和决定你今后生活的质量。

制定第一阶段，即在校期间的措施对于落实发展目标至关重要。学校的生活可以丰富多彩，包括每天学什么课程，如何学习，参加什么技能训练，参加什么社团活动，阅读什么课外书等。我们需要制定一份切实、明确、有可行性的规划，规划要体现 3 个要素：任务、标准和时间。例如每天下午自习课利用 15 分钟要背熟并能够默写5 个单词，任务是学习英语单词，标准是背熟并能够默写，时间是每天下午自习课上的 15 分钟，大家可按照下面的表格制定出适合自己的发展规划。

	_____（年、月、周、日）的计划			
	具体措施	具体任务	时间安排	完成标准
近期目标	措施 1			
	措施 2			

我们在制定第一阶段措施的时候，不仅要以全面提升自身素质为目的，更要强调弥补自身条件与目标实现之间的差距。这些差距主要有：

①现有职业能力与职业要求之间的差距；

②现有知识、技能水准与职业资格标准之间的差距；

③现有学历与岗位需求之间的差距；

④个人职业素养与职业要求之间的差距等。

找到自己的优势和差距，扬长补短。我们要坚信：知识不够，可以通过勤奋学习来补充；技能较差，可以通过刻苦训练来提高；个性有弱点，可以通过努力来塑造。

我的近期目标：_____

项目	近期目标的要求	自己的优势	自己的差距（补充发展条件）
相应行业的发展状况			
资金			
家庭支持			
政策			
其他			

（6）制定完计划表就结束了吗？就能实现自己的目标吗？

行动是实现目标的重要保证，行动不一定会成功，但不行动一定不会成功。同学们要关注付出努力的过程，踏踏实实走好脚下的路，有坚定的意志，坚持自己的信念，不能放松对自己的要求，人生不能虚度。

当你一心执着于自己目标的时候，所有的障碍都会成为垫脚石，所有的困难都会主动让步。让我们从实现近期目标，从目前最重要的事情入手，从大处着眼、小处入手，从点滴做起，不达目标，誓不罢休。我们要努力实现一个又一个奋斗目标，最终迈向人生的顶峰。

二、《画出我的生命线》的教学实践过程

1.指导语

生命是一个过程，生命线就是每人生命会走过的路线。

生命线只有一条，而且它时时刻刻地在你毫无觉察的时候，静悄悄地行进着。

生命线是你我都有的东西。世间有多少条性命，就有多少条生命线，每个人的生命线也不同。

请同学们拿出一张 A4 白纸，取出彩笔筒，每人挑出一支较鲜艳、一支较暗淡的彩笔，可用颜色区分心情。把白纸横放摆好，上方写上"×××（你的名字）的生命线"。在纸的中部，从左至右画一道长长的横线，然后给这条线加上一个箭头，作为生命的走向。按照你为自己设想的生命长度。目前中国人的平均寿命约为77.7岁，咱们可以设想得长一点。

这条线就是你脚步的蓝图。无论你走到哪里，都走不出它的坐标系。你是你自己的人生规划设计师，没有人能替代你。

找到你目前年龄所在的那个点。在这个点的左边，代表过去的岁月，把对你有着重大影响的事件用笔标出来。如果你觉得是件快乐的事，就用鲜艳的笔写在生命线的上方。如果你觉得非常快乐，就把这件事的位置写得更高些。如果你觉得是不快乐的

事，就用暗淡颜色的笔写在生命线的下方。如果你觉得是非常痛苦的事情，就在生命线的相应下方很低的位置留下记载。

过去已成定局，我们要面向未来，做好一生的规划。在你的坐标线上，把你这一生想干的事，比如想赚多少钱、住什么样的房子、开什么车、找什么样的工作、个人情趣等都标出来。要把预计时间注明，视它们带给你的快乐和期待的程度，标在线的上方。同时，在将来的生涯中，预计还有挫折和困难，也可以标出来。

画完后用手机拍照上传到教学互动平台，然后彼此交流。

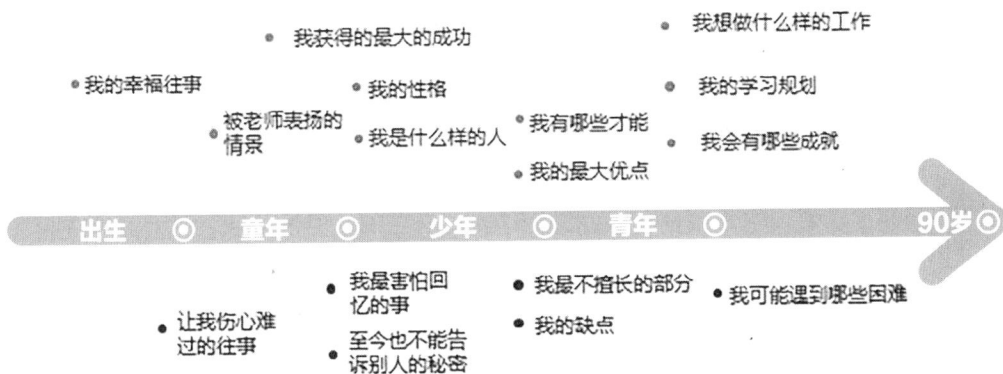

2. 交流分享

（1）对比已经走过的路程和未来的旅途，你有什么感想？

（2）你如何看待过去发生的事情？这些事情对现在的你以及你未来的生活会有什么样的影响？

（3）无论过去还是未来，你的生命之中是让你快乐、期待的事情多，还是让你觉得难过、困难的事情多？这说明了什么？

（4）现在所画的自己的生命线规划蓝图，以后还会不会变化呢？

（5）生命有哪些意义和价值？

3. 总结提升

（1）人生就是一次快乐而艰巨的生命之旅，在这次生命的旅途中，有一马平川，也有崎岖不平。当生命旅途一帆风顺时，我们应该学会珍惜和仰望；当生命旅途颠簸不平时，我们应该学会敬畏和尊重。

（2）一个人一生不可能不犯错误，不走弯路，但经常反思自己所走过的道路，反思人生的得与失，这是很有必要的。知道自己为什么会犯这样的错误，知道自己的错误在哪里，以后才能少犯错误，少走弯路。

过去已成定局，将来在于努力。人生不可重新再来，错过了就是错过了，失去的也不再属于你，与其整日伤心感叹，倒不如好好地珍惜现在所拥有的。活在当下，把握此时此刻，这是获得幸福的诀窍。这不是今朝有酒今朝醉的颓废，而是脚踏实地的清醒把握。

（3）如果你的生命线上所标示的事件，大部分都在水平线以下，需要调整一下自己看世界的眼光，你对未来的估计是不是太悲观了一些？如果是，你对你的情况是否满意？如果你觉得有改变它们的愿望，那么你可以试着用另一种积极乐观的眼光来看待世界。

如果你的所有事件都标在了水平线之上，也并非就是一味值得庆贺的事情。承认自己的局限，承认人生是波澜起伏的过程，接纳自己的悲哀和沮丧，都是正常生活的一部分，犹如黄连和甘草，都是医病的良药。

（4）不要把这个绘画游戏看得玄妙，它只是要激起你的规划意识，在现在的生活中，腾出那么一点点时间，眺望远方，拓开一条属于自己的小路。几年以后，你对自己的筹划也许会有改变，但眺望永远是需要的，大方向永远是需要的，改变也是需要的。

不要因为将来的改变，而不肯在今天作出努力。如果有人一生都无需改变，那他要么是未卜先知，具有极高悟性和远见卓识的天才，要么就是僵化和刻板的化石。

（5）生命的意义首先在于亲身体验生命：经历过生老病死，经历过春暖夏凉、秋收冬藏，经历过酸甜苦辣，经历过人世间的形形色色的人和事。

其次，生命的意义是为了逃避痛苦、追求快乐。有了基本生存、生活保障之后，才会去追求快乐。在追求快乐的方面人们有着许多差异：有人认为拥有很多的钱是快乐，有人认为结交异性就是快乐，有人认为贡献人类和社会才是快乐，有人认为轰轰烈烈是快乐，有人认为平平淡淡是快乐。

再次，生命的意义在于责任，用责任去履行义务，用责任去创造人生的价值，用生命去谱写人生辉煌的意义。人生的责任重大，要为家里人的生活而活着，更重要的还是为了自己的生活而活着，还要学会善于帮助别人，善于献爱心，善于做好事，一方有难，八方支援，这样人与人之间就会形成强大的凝聚力，更能彰显人生的价值和意义。

最后，生命的意义还要有所成就，一定要做好更多力所能及的事，丰富自己的人生经历，提升自己的人生境界，虽然生命是有限的，但是我们要努力在这种有限的生命当中，去提升和丰满自己人生梦想和愿望。

我们要在生命最美的时候，珍惜生命的每一天，快乐地生活，努力地学习，让自己每天都充实，每天都活出别样的精彩。这就是我们给生命价值献上的最好礼物。

生命线只有一条，而且它在时时刻刻地在行进着。你在生命线上的圆点伴随着你的跳动心脏律动，不停地上下跃动，奔向人生的终点。无论未来的生命线是长是短，我们都要精彩地过好现在的每一分钟！

心灵图片

心灵寄语

好好地活下去，快乐是第一要素，胸襟是基础，体谅他人是有学问的另一种解释。好好地活下去，意味着我们要珍视我们的生命，即便这生命在别人看来是微不足道的。

——三毛

生命最宝贵之处，并不在它的长度，而在它的广度和深度。如果我们能很精彩地过好每一分钟，那么这些分钟的总和，也必定精彩。

生命线不是掌握在别人手里，它只有一个主人，就是你自己。

职业生涯规划

第二十节　立足专业发展，探索职业世界

生涯活动

生涯幻游

假如你乘坐时光列车经过时光隧道，想象你现在正处在十年后的某一个工作日。你正在考虑要穿什么衣服去上班，你正站在镜子前面装扮自己，想让自己看起来衣着得体。当你想到今天的工作时，你的感受是什么？是平静、激动、厌倦，还是恐惧？到了早餐时间，有人跟你一起吃早餐吗？现在，你准备去上班。想象一下自己的工作单位，它在哪里？看起来怎么样？那有些什么人？同事多不多？他们在做什么？

上午的工作结束了，你在工作中完成了哪些任务？你的工作是偏向脑力劳动，还是偏向体力劳动？你是操作复杂的机器，还是只是使用简单的工具？你跟同事们关系怎么样？你是独自工作还是与别人合作？

现在该吃午饭了。你去哪里吃饭？你跟谁一起？他们是些什么样的人？你们都谈论些什么？

吃完午饭，你继续完成工作任务，下午的工作与上午的有什么不同？离开单位前，你做的最后一项工作是什么？

一天的工作结束了，你的心情如何？为什么？

当你想好时，请睁开眼睛，把你刚才印象最深刻的画面画出来或写出来。用文字简要标明自己未来会从事什么职业，过什么样的生活。思考如何把握现在（结合现在的生活与学业），以更好地实现未来。

💟心灵感悟：

在中职学校学习，我们不仅要能增长知识、提升能力，而且能够涵养道德、培养健全人格，这些都会为我们将来的职业发展奠定良好的基础。每一个未来都源于现在，每一个现在都预示着未来。

课前思考

究竟什么是职业呢？你平时关注和职业有关的信息吗？你想过未来从事什么职业吗？我们一起来探索职业世界。

职业认知

一、职业的含义

职业是个人参与社会分工，利用一定的知识和技能为社会作出贡献，同时为自己获取相应报酬的持续性活动。

特征：承担相应的责任，有稳定的合法收入，是实现人生价值和进行自我完善的途径，是个人与社会互相联结的纽带。

每一种职业的存在都有它的价值，都在为社会创造着价值，各行各业的工作者都应具有敬业精神。职业没有高低贵贱之分，但是不同的职业却需要我们具备不同的能力才能胜任。

二、职业的特点

1. 多样性

2015 年最新版《中华人民共和国职业分类大典》将我国职业归为 8 个大类、75 个中类、434 个小类、1481 个细类（职业）。其中，8 个大类分别是：

第一类：党的机关、国家机关、群众团体和社会组织、企事业单位负责人。

第二类：专业技术人员。

第三类：办事人员和有关人员。

第四类：社会生产服务和生活服务人员。

第五类：农、林、牧、渔生产及辅助人员。

第六类：生产制造及有关人员。

第七类：军人。

第八类：不便分类的其他从业人员。

每一个大类下面还有几百个中类、上千个小类（职业）。所以，职业世界真的是丰富多彩的，一个社会中存在着上千种职业。

2. 时代性

职业世界随时代发展发生着改变，随着时代发展，新兴的职业有：职业买手、主播、手机入殓师、陪诊师、陈列师、酒店试睡员、信用管理师、景观设计师、玩具设计师、家具设计师、微水电利用工、智能楼宇管理师、商务策划师、数字视频（DV）策划制作师、职业信息分析师、打假卫士、宠物健康护理员、互联网营销师、家庭教育指导师、网络推手。

在这个时代，做什么工作最有可能被机器人淘汰？干什么最不容易被淘汰？BBC基于剑桥大学研究者 Michael Osborne 和 Carl Frey 的数据体系分析了 365 种职业在未来的"被淘汰概率"。

如果你的工作符合以下特征，那么你被机器人取代的可能性非常大：无需天赋，经由训练即可掌握的技能；大量的重复性劳动，每天上班无需过脑；工作空间狭小，坐在格子间里，不闻天下事。

如果你的工作包含以下三类技能要求，那么你被机器人取代的可能性非常小：社交能力、协商能力以及对他人真心实意的扶助和关切；创意和审美；有较高的理论知识水平，而且要求有较强的动手能力，属于高技能人才中知识技能型人才。

3. 专业性

每一种职业都有一定的专业技术含量，无论从事什么职业，都需要不断学习，提升专业技能。另外，多考一张职业资格证书，也是给自己的职业多买一份保险。例如计算机等级证书、外语等级证书、专业技术等级证书等。

三、职业的意义

当你拥有一笔不必工作也能维持生计的财产时，你会不会脱离职业人的行列？不再工作？

工作可以达到的目的：工作不仅是谋生的手段，它也给人带来最大的精神满足，是我们与社会交往的重要渠道，是我们实现人生价值的舞台，是我们为社会创造财富的途径。谋生是基础，实现价值是追求，奉献是目的。

职业探索

一、可选择的职业

1. 职业宽度

你所学专业对应的职业岗位有哪些？通过网络调查和小组讨论后，列举出3—7个职业岗位。以数控专业为例：可以从事的岗位有数控操作技工、数控编程员、数控机床维修员、机械设计师、结构设计师、管理人员、销售人员、绘图人员等。

2. 职业高度

在上述岗位中，你觉得自己可能选择的职业岗位是哪一个？这个职业岗位有哪些纵向发展空间？

以数控专业为例：中级工、高级工、技师、高级技师。

职业的纵向发展主要体现为两个方面：一是技术或职务等级的提升；二是能引起社会角色变化的职务、职业转换。

纵向发展路径大致有三方面：技术路径、管理路径、创业路径。三条发展路径可以交叉相通。

二、职业探秘途径

1. 媒体信息

职业信息网站、管理咨询、行业分析报告、创业就业类节目、职业人物访谈、纪录片、企事业网站。

2. 人物访谈

学长学姐、校友、家长、社会职场人士。

3. 校园活动

社团、志愿活动、模拟招聘、招聘会。

4. 实践体验

社会志愿者服务、企业参访、工作实习、职业相关展览、论坛。

职业精神

2020年的中国战"疫"，10天10夜，火神山医院拔地而起，震惊世界的"中国速度""中国奇迹"诞生，背后就是中国精神、中国力量的坚强支撑！

建设火神山医院离不开千千万万的基层建筑工人。一位在火神山的监理人员，他的手机里至少有100多个工作群，每天接打电话200个，每天回到宿舍嗓子都是冒着烟的，还努力地做好协调调度工作。施工过程中，几万名建设者顶着凄风苦雨，每天只睡三四个小时、每天走上3万步是常态，乃至带伤作战、转战两山，却从不叫一句苦；医院交付后，建设者们又纷纷主动请缨，参加维保团队，与白衣天使并肩战斗在最危险的病房一线，24小时竭诚服务广大患者和医务人员，为医院有序运营提供有力保障。

火神山医院的建设展现了中国人民在大疫面前积极响应国家召唤，雷厉风行，严谨作风，不畏艰难险阻，克服一切困难，在短时间内，保质量、保证了患者及时入住得到救治；充分体现了中国人民不怕困难，不怕牺牲，顽强奋斗精神，这必将载入历史。

今天我们一起探索了职业世界，也畅想了未来自己从事的职业。同学们，就像歌里唱的：青春，自有青春的向往，梦想，自有梦想的力量。无论哪种职业，都需要我们做好职业准备。让我们从现在开始加油，为了自己理想的职业，为了成为更好的自己！

第二十一节　立足本人实际，分析职业性格

🌸 生涯故事

在一次工商界的聚会上，几个老板大谈自己的经营心得。其中一个说："我有三个不成材的员工，我准备找机会把他们开掉。"另一个老板问道："他们不成材的表现是什么？""一个整天嫌这嫌那，专门吹毛求疵；一个杞人忧天，老是害怕工厂有事；另一个整天在外面闲荡鬼混。"第二个老板听后想了想说："既然这样，你就把这三个人介绍到我的公司做事吧。"

思考：这三个员工去新公司会做什么？

三个人第二天到新公司报到。新老板开始分配工作：喜欢吹毛求疵的人，负责质量管理；害怕出事的人，负责安全保卫系统的管理；整天在外面闲逛的，负责产品宣传及推销。三个人非常满意自己的工作，过了一段时间，由于他们三个人出色的工作，公司的业绩直线上升。

💗 心灵点拨：

1.两个老板的思维和用人方式有很大差异，第二个老板心态更积极，能做员工的伯乐，知人善任。

2.不同的职业有不同的性格要求，人才用对了地方就能发光！

🌸 生涯探索

一、性格探索

性格是人对现实的稳定态度和习惯化行为方式的总和，表现为个体独特的心理特征。

我是谁？我是一个怎样的人？MBTI测试无疑给我们提供了一个从外部审视自我的视角。MBTI全称为"Myers-Briggs Type Indicator"（迈尔斯—布里格斯性格分类指标），是

一种自我报告式的人格测评，接下来我们通过几道题来了解一下我们自己的MBTI类型。

1.能量倾向：E（外向）*VS* I（内向）

请根据你的第一反应，选择你最舒服的日常表现：

A.热情洋溢   B.含蓄内敛

A.乐于主动表达   B.沟通相对被动

A.更爱热闹   B.更爱安静

A.边听边说边想   B.先听后想，想好了再说

A.交友广泛   B.朋友不多

选择 A 的同学是 E（外向）属性者，他们能够通过和别人交流获得能量；在独处时表现出焦躁不安。

选择 B 的同学是 I（内向）属性者，他们能够从安静的活动中获取能量；在喧闹场合，能量会很快消耗完。

2.接受信息：S（感知）*VS* N（直觉）

现在请大家闭上眼睛，想象一下大海的样子？大海是……

如果你的描述是形容词，如蓝色的、绿油油的、一望无际的、波涛汹涌的，这些都是感觉器官传递的信息，为感知型S，描写得很具体而写实。

如果你的描述是名词，如故乡、归宿、港湾等看不见的词语，这是跳过信息加工出来的概念，为直觉型N，描写得抽象一些，更关注事情背后的意义。

S 属性者倾向于接受现实的、具体的信息；关注感官获取的具体信息，注重事实，脚踏实地。

N 属性者倾向于关注全局，关注事物的整体和将来可能发展变化趋势，重视想象力和独创力。

3.处理信息：T（思考）*VS* F（情感）

想象一下：某所军校规定，学员被发现吸烟三次就要勒令退学。假如你是这所军校主管学生工作的老师，有一名学生已经两次被发现抽烟，你和他认真地谈了一次话，警告他如果再有第三次将被开除。现在，这名学生在即将毕业的时候第三次吸烟被抓。你会怎么办？为什么？

开除他。我已经和他谈过了事情的严重性，但他一犯再犯，制度就是制度，一定要开除，否则再出现类似的事情没法管，对其他学生也是一种公平。（这种处理信息的

方式是 T 思考型。）

我会再找他谈谈。问问他再次的原因是什么。考虑到他马上就要毕业了，这时候开除他有点可惜，对前途的影响比较大，所以我会和他谈谈行为的严重性，并告诉他以后类似的事情不要再犯，但是最后还是决定不开除他。（这种处理信息的方式是 F 情感型。）

T 属性者重视事物之间的逻辑关系，喜欢通过客观分析做决定和评价，讲究原则。

相反，F 属性者以自己和他人的感受为重，将价值观作为判定标准，善于营造和谐气氛。

4. 行动方式: J（判断）VS P（知觉）

假如现在是周五下午，你在本周日上午要参加一场重要的考试。这是你最后一次机会参加这个考试了，而你感觉自己有不少东西还没准备好，因此打算在今晚和周六好好复习一下。但是，你忽然接到电话，一个好朋友从外地来本市了。你们已经好久没见面了，他邀你今晚去见面，他周六早上就离开。你会去吗？为什么？

当然去，好朋友难得一见，英语考试周六还有一天可以复习，这种考试临时抱佛脚的复习也不见得多有用处。（这种行动方式是 P 知觉型。）

不会去，即使复习好了也不会去，因为那样就找不到考试的感觉了。朋友虽然很重要，但以后还会有机会，可是考试就最后一次机会了。（这种行动方式是 J 判断型。）

J 属性者喜欢做计划和决定，喜欢生活井然有序，按部就班，重视结果。

相反，P 属性者喜欢随性、宽松、自由的生活方式，重视过程，喜欢有多种选择。

二、性格与职业

MBTI 带给我们的不只是四个字母的标签，更是让我们看到每一个具体的人的存在。去珍惜自己，也更好地理解其他人，同时根据测试结果，我们可以找出性格适合的职业。

1. ISTJ

首席信息系统执行官、天文学家、数据库管理、会计、房地产经纪人、侦探、行政管理、信用分析师。

2. ISFJ

内科医生、营养师、图书 / 档案管理员、室内装潢设计师、客户服务专员、记账员、特殊教育教师、酒店管理、辅导员。

3. INFJ

特殊教育教师、建筑设计师、培训经理/培训师、职业策划咨询顾问、心理咨询师、网站编辑、作家、仲裁人。

4. INTJ

首席财政执行官、知识产权律师、设计工程师、精神分析师、心脏病专家、媒体策划、网络管理员、建筑师。

5. ISTP

信息服务业经理、计算机程序员、警官、软件开发员、律师助理、消防员、私人侦探、药剂师。

6. ISFP

室内装潢设计师、按摩师、客户服务专员、服装设计师、厨师、护士、牙医、旅游管理。

7. INFP

心理学家、人力资源管理、翻译、大学教师（人文学科）、社会工作者、图书管理员、服装设计师、编辑/网站设计师。

8. INTP

软件设计师、风险投资家、法律仲裁人、金融分析师、大学教师（经济学）、音乐家、知识产权律师、网站设计师。

9. ESTP

企业家、股票/保险经纪人、土木工程师、旅游管理、职业运动员/教练、电子游戏开发员、房产开发商。

10. ESFP

幼教老师、公关专员、职业策划咨询师、旅游管理/导游、促销员、演员、海洋生物学家、销售。

11. ENFP

广告客户管理、管理咨询顾问、演员、平面设计师、艺术指导、公司团队培训师、心理学家、人力资源管理。

12. ENTP

企业家、投资银行家、广告创意总监、市场管理咨询顾问、文案、广播/电视主持人、演员、大学校长。

13. ESTJ

公司首席执行官、军官、预算分析师、药剂师、房地产经纪人、保险经纪人、教师（贸易/工商类）、物业管理。

14. ESFJ

房地产经纪人、零售商、护士、理货员/采购、运动教练、餐饮管理、旅游管理。

15. ENFJ

广告客户管理、杂志编辑、公司培训师、电视制片人、市场专员、作家、社会工作者、人力资源管理。

16. ENTJ

公司首席执行官、管理咨询顾问、政治家、房产开发商、教育咨询顾问、投资顾问、法官。

三、科学调适，塑造良好的职业性格特征

1. 职业性格

职业性格是人们在长期特定的职业活动中所形成的同职业相联系的比较稳定的个性心理特征。

例如，有的人对待工作总是严肃、踏实、认真；在待人处事中表现出高度的原则性、果断、负责；在对待自己的态度上总是表现为谦虚、自信、严于律己等，所有这些特征的总和就是他的职业性格。

不同职业对从业人员的性格有不同的要求：作为医生，要求其要有救死扶伤的品质，有精益求精、一丝不苟的工作态度，有高度的责任感。作为工程技术人员，要有不断创新和刻苦钻研的品质。作为一个管理干部，要有宽广的胸怀，能用人之长、容人之过，要关心下属。

2. 性格可以调试

💬 **生涯案例：**

我的性格能改变吗？

一个女生在校时，是全班有名的淑女，深沉、文静、不善言谈。毕业后，在一次同学聚会时，同学们都惊诧不已，差点不敢认她。她变得精明、干练、泼辣、能言、善辩。毕业后她从事营销工作，对外的商业应酬磨炼了她，使她逐渐改变了原有的性格，适应了职业的需要。

性格会随着环境影响而变化，每个人都有全面发展的潜质。人的性格正好与职业性格相适应，这是最好的情况。但往往又存在另一种情况：像上面材料中这位同学一样，刚走上工作岗位时，性格与职业性格并不匹配，但经过他们有意识地、有目的地调适自己的职业性格，最终适应了职业，从而实现了"人选职业"与"职业选人"的完美结合。

3. 调适职业性格的途径

（1）了解自己（兴趣、性格、能力、专业）。

（2）严格要求自己，提高修养。

（3）向身边的优秀人物学习。

（4）主动参加社会实践，主动适应职业需要。

性格可以调适，性格存在可塑性；已经专业定向的中职生，应该按照即将从事的职业对从业者的性格要求，在日常生活、职业环境中改造甚至重塑自己的性格。

✸ **生涯歌曲**

《改变自己》

演唱：王力宏

经典歌词：

今早起床了

看镜子里的我

忽然发现我的发型睡得有点KUSO

一点点改变　有很大的差别

你我的力量也能改变世界

最近比较烦　最近情绪很 Down

每天看新闻　都会很想大声尖叫

但脏话没用　大家只会嫌凶

我改变自己　发现大有不同

新一代的朋友　我们好好地加油

大家一起大声地说

我可以改变世界

改变自己　改变隔膜　改变小气

要一直努力努力　永不放弃

才可以改变世界　Come on 改变自己

第二十二节　立足本人实际，寻找职业兴趣

✦ 生涯案例

他四岁半立志当漫画家，对漫画产生极大的兴趣。1981 年获得金马奖最佳卡通片奖。1985 年获选台湾十大杰出青年。2011 年获"金漫奖"终身成就奖。

他就是台湾著名漫画家蔡志忠。

思考：是什么支撑他几十年如一日地画漫画？

❤ 生涯点拨：

除了坚持不懈等品质，还有对漫画极大的热爱，这就是兴趣的力量。蔡志忠曾说过这样一句话："人生最终的结果就是拿一把刷子混饭吃，所以要及早选择，把这把刷子练到极致，没有不成功的。"蔡志忠就是把漫画这把刷子练到极致，混到饭吃。

同学们，你们想把什么当成未来混饭吃的刷子呢？今天我们一起走进生涯课堂，开启职业兴趣探索之旅。

✦ 生涯思考

1. 课余时间，你喜欢做哪些休闲放松的活动？

2. 你乐于参加哪些社团或校内活动？

3. 你比较喜欢浏览什么方面的信息？

4. 你比较喜欢哪些节目或电影？

5. 你与朋友聊天时比较喜欢什么话题？

6. 你通常选择读哪一类书籍？

✿ 生涯探索

一、兴趣探索

1. 了解兴趣

兴趣是人们探究某种事物或从事某种活动的心理倾向，它以认识或探索外界的需要为基础，是推动人们认识事物、探求真理的重要动机。

伟大的科学家爱因斯坦曾经说过："兴趣和爱好是最好的老师。"兴趣在人们生活中的意义是巨大的，兴趣让我们觉得生活是有意义的，是丰富精彩的；兴趣在学习中是十分重要的，它可以推动我们去寻求知识和探索世界，使我们感到学习是一件非常快乐的事。

同学们要培养广泛的兴趣，兴趣广泛能使人开阔眼界、开拓思维。"技多不压身"，广泛的兴趣能给人提供更多的发展机会，社会也需要兴趣广博的人才。当然，也要合理分配兴趣爱好的时间，把兴趣爱好与学业学习联系起来。

有的同学可能说："我没有什么特别的兴趣爱好。"说这话的同学可以想一想，有谁出生后就对任何事情都感兴趣呢？很多情况下，兴趣是在观察、思索、学习、活动的过程中不断培养起来的。我们在生活中应该多问几个"为什么"，多想几个"怎么办"，这会促使我们去认识和发现更多的新事物，也就使我们有了更广泛的兴趣，并进一步对自己感兴趣的事物进行探索，从而更进一步加深了我们的兴趣。

💗 **生涯思考：**

玩手机、打游戏算不算兴趣？

💗 **生涯点拨：**

许多人将闲暇时间用于玩游戏、浏览娱乐新闻、看短视频等各种各样的娱乐活动，无法自拔。当你把精力投入这些娱乐活动时，常常会完全融入其中，甚至达到废寝忘食、不想做其他任何事的程度，而这种投入往往并不会为你带来意义和价值，这个时候的你可能是沉迷于这些无意义的事物中，但沉迷不等于兴趣。

2. 兴趣类型

美国心理学教授、职业指导专家霍兰德教授把人的兴趣类型分为六种：现实型、研究型、艺术型、社会型、企业型和常规型。你作出的岛屿选择可能预示着你具有这个岛屿所对应的兴趣类型特点。让我们一起开启生涯兴趣岛环游记。

💗 生涯活动：

活动说明：各位亲爱的闪光兴趣玩家，如果你有机会免费去下列六个岛屿，请不要考虑其他因素，仅凭自己的兴趣挑出你最想前往的三个岛屿（按照优先顺序）。登岛前，你需要按照要求办理签证，赶快加入吧！

> 我会选择＿＿＿＿＿＿＿岛
>
> 原因是：＿＿＿＿＿＿＿＿＿＿＿＿＿＿＿＿＿＿＿＿＿＿＿＿＿
>
> ＿＿＿＿＿＿＿＿＿＿＿＿＿＿＿＿＿＿＿＿＿＿＿＿＿＿＿＿＿＿
>
> 我的职业兴趣代码：＿＿＿＿＿＿＿＿＿＿＿＿＿＿＿＿＿＿＿＿
>
> 我的职业兴趣/职业类型：＿＿＿＿＿＿＿＿＿＿＿＿＿＿＿＿＿

1号岛屿：自然原始的岛屿。岛上的自然生态保持得很好，有各种野生动物。居民以手工见长，自己种植花果蔬菜、修缮房屋、打造器物、制作工具，喜欢户外活动。

2号岛屿：深思冥想的岛屿。岛上有多处天文馆、科技博物馆。居民喜好观察学习，崇尚和追求真知。常有机会和来自各地的哲学家、科学家、心理学家等交换心得。

3号岛屿：美丽浪漫的岛屿。岛上有很多美术馆、音乐厅，还有很多街头雕塑和街边艺人，弥漫着浓厚的艺术文化气息。居民保留了传统的舞蹈、音乐与绘画。许多文艺界的朋友都喜欢来这个地方找寻灵感。

4号岛屿：友善亲切的岛屿。居民个性温和、友善、乐于助人，社区均自成一个密切互动的服务网络，人们重视互助合作，重视教育，关怀他人，充满人文气息。

5号岛屿：显赫富庶的岛屿。居民善于企业经营和贸易，能言善道。经济高度发展，处处是高级饭店、俱乐部、高尔夫球场。往来者多是企业家、经理人、政治家、律师等。

6号岛屿：现代井然的岛屿。岛上建筑十分现代化，是进步的都市形态，以完善的户政管理、地政管理、金融管理见长。岛民个性冷静，处事有条不紊，善于组织规划，细心高效。

你想选择哪三座岛屿生活？为什么？按照下面的提示填写签证卡片。

1号岛屿：现实型（Realistic）

共同特点：愿意使用工具从事操作性工作，动手能力强，做事手脚灵活，动作协调。偏好于具体任务，不善言辞，做事保守，较为谦虚。缺乏社交能力，通常喜欢独立做事。

典型职业：喜欢使用工具、机器，需要基本操作技能的工作。对要求具备机械方面才能、体力或从事与物件、机器、工具、运动器材、植物、动物相关的职业有兴趣，并具备相应能力。如技术性职业（计算机硬件人员、摄影师、制图员、机械装配工），技能性职业（木匠、厨师、技工、修理工、农民、一般劳动）。

2号岛屿：研究型（Research）

共同特点：思想家而非实干家，抽象思维能力强，求知欲强，肯动脑，善思考，不愿动手。喜欢独立的和富有创造性的工作。知识渊博，有学识才能，不善于领导他人。考虑问题理性，做事喜欢精确，喜欢逻辑分析和推理，不断探讨未知的领域。

典型职业：喜欢智力的、抽象的、分析的、独立的定向任务，要求具备智力或分析才能，并将其用于观察、估测、衡量、形成理论、最终解决问题的工作，并具备相应的能力。如科学研究人员、教师、工程师、电脑编程人员、医生、系统分析员。

3号岛屿：艺术型（Artistic）

共同特点：有创造力，乐于创造新颖、与众不同的成果，渴望表现自己的个性，实现自身的价值。做事理想化，追求完美，不重实际。具有一定的艺术才能和个性。善于表达，怀旧，心态较为复杂。

典型职业：喜欢的工作要求具备艺术修养、创造力、表达能力和直觉，并将其用于语言、行为、声音、颜色和形式的审美、思索和感受，具备相应的能力。不善于事务性工作。如艺术方面（演员、导演、艺术设计师、雕刻家、建筑师、摄影家、广告制作人），音乐方面（歌唱家、作曲家、乐队指挥），文学方面（小说家、诗人、剧作家）。

4号岛屿：社会型（Social）

共同特征：喜欢与人交往，不断结交新的朋友，善言谈，愿意教导别人。关心社会问题，渴望发挥自己的社会作用。寻求广泛的人际关系，比较看重社会义务和社会道德。

典型职业：喜欢要求与人打交道的工作，能够不断结交新的朋友，从事提供信息、启迪、帮助、培训、开发或治疗等事务，并具备相应能力。如教育工作者（教师、教育行政人员），社会工作者（咨询人员、公关人员）。

5号岛屿：企业型（Enterprise）

共同特征：追求权力、权威和物质财富，具有领导才能。喜欢竞争，敢冒风险，有野心、抱负。为人务实，习惯以利益得失、权利、地位、金钱等来衡量做事的价值，做事有较强的目的性。

典型职业：喜欢要求具备经营、管理、劝服、监督和领导才能，以实现机构、政治、社会及经济目标的工作，并具备相应的能力。如项目经理、销售人员、营销管理人员、政府官员、企业领导、法官、律师。

6号岛屿：常规型（Conventional）

共同特点：尊重权威和规章制度，喜欢按计划办事，细心、有条理，习惯接受他人的指挥和领导，自己不谋求领导职务。喜欢关注实际和细节情况，通常较为谨慎和保守，缺乏创造性，不喜欢冒险和竞争，富有自我牺牲精神。

典型职业：喜欢要求注意细节、精确度、有系统、有条理，具有记录、归档、根据特定要求或程序组织数据和文字信息的职业，并具备相应能力。如秘书、办公室人员、记事员、会计、行政助理、图书馆管理员、出纳员、打字员、投资分析员。

二、职业兴趣

职业兴趣是一个人探究某种职业或从事某种职业活动所表现出来的特殊个性倾向，它使个人对某种职业给予优先的注意，并具有向往的情感，是兴趣在职业选择方面的一种表现形式。

兴趣与职业密切相关。兴趣是人们活动的巨大动力，凡是具有职业兴趣的职业，都可以提高人们的积极性，促使人们积极、愉快地从事该职业。职业兴趣并不是生涯决策的唯一标准，但理想的生涯决策一定是与兴趣相关的。

误区：兴趣是万能的。

不合理信念：只要找到我的兴趣，我就一定能够成功。

合理信念：找到自己的兴趣，不见得一定能成功，但至少做起来快乐。如果能培养自己所感兴趣的事物的能力，将会更能使自己成功。

兴趣和能力是两码事。有兴趣而无能力，只会增加挫折感；无兴趣而有能力，心中缺乏满足与喜悦。因此，兴趣和能力要同时考虑。兴趣是调料，能力是主菜。所以我们应该了解自己的兴趣，加强自己的能力。

三、职业兴趣可以培养

生涯思考：

如果在所学专业对应的职业群中，没找到自己感兴趣的职业怎么办？

生涯点拨：

很多学生不了解自己即将从事的职业，就认为自己不感兴趣，所以只有充分体验和尝试，才有资格说有没有"兴趣"。

另外，个人兴趣与职业不相吻合也不要紧，因为兴趣不是固定不变的，可以通过主观努力去调适和培养。中职生面对的是初次就业的职业群，不可能全凭兴趣工作，可以从没有兴趣发展到有兴趣。

如何培养职业兴趣：

第一步：深入了解所学专业，关注其现状和发展趋势，学好专业课。

第二步：拓展兴趣范围，增强对陌生事物的好奇心。

第三步：认真做好本职工作，在实践中培养职业兴趣。干一行，爱一行，专一行。

即使兴趣不能成为职业，它也可以丰富我们的生涯。尤其是在刚工作的阶段，我们要解决一些很实际的问题，可能不能够过于强调兴趣，如果暂时不能按自己的兴趣去选择职业，可以平时多了解这方面的资讯，更好地充实自己，当机会降临的时候，才不会错过。当然有时也可以把兴趣转化为爱好，同样可以陶冶性情，按兴趣去工作，只是让自己更容易成功，生活更加快乐，但并不是让自己幸福快乐的唯一途径。

生涯寄语

人在成功之前，是做该做的事，成功之后，才能做想做的事。

兴趣背后还有责任，这种使命感会让你的兴趣价值最大化。

不要轻易对某个领域说不，也不要轻易给自己定性。

不是让职业去匹配你，而是你要去适应职业。

爱你所选，选你所爱，以开放的心态，成就生命的无限可能！

第二十三节　结合职业发展，提升职业能力

★ 生涯案例

多样人生　各自精彩

我们先一起走进这样两个人，感受一下他们的人生。

小 A：他出生于广西南宁的一个小山村，一岁左右，因病毒性脑膜炎引发了很多后遗症，右侧肢体偏瘫，视力低下，而且，脑膜炎让他的智力永远停留在了孩童水平。

小 B：他中考那年，以体育特长生的身份进入当地最好的高中。但他文化课基础太差，几乎科科不及格；加之心思细腻、内心敏感、孤僻内向，与周围同学格格不入。高一留级三次，最终退学。

思考：看到这里，如果让你用一个词语来形容他们两个人的人生，你会想到什么词语？

也许是悲惨、不幸、坎坷，这是初看他们的人生时，会带给我们的感受。

我们再接着往下看：

小 A：他从小就对音乐敏感，喜欢听歌、唱歌，几乎每天听、唱五六个小时，他，还擅长口技和模仿，8 岁时开始登台演唱。被身边的人称为点唱机。

小 B：他从小热爱写作，善于思考，文笔犀利，见解独到。中学时期，以《杯中窥人》一文斩获首届新概念作文大赛一等奖，之后陆续出版多部长篇小说和文集。

思考：现在如果再请你用一个词语来形容他们两个人的人生，你又会用什么词语？

也许是精彩、一波三折、辉煌，为什么我们对他们人生的评价会发生着变化呢？

生活中会有很多的不如意，可能是成绩不好、人缘不佳，可能是相貌平平、才艺逊色，等等，这些不如意让我们很容易只看到自己身上灰色的一面，从而失去自信，觉得自己不如别人。其实，每个人的生命中，一定会有属于他的亮丽色彩，哪怕只有一点，也足以支撑起一个人独特的精彩人生。

这是两个真实的人物，他们的人生正在进行着

小 A：他叫黄卓鹏，2015 年在《中国梦想秀》上大展歌喉，震撼全场。如今，开

朗乐观的他，正带着对音乐的热爱与执着，在实现梦想的路上努力着。

小B：他叫韩寒，现在的身份是中国作家、导演、职业赛车手。曾被评为中国"八〇后"十大杰出代表人物，《亚洲周刊》风云人物等。

他们虽然不同，但却都可以让人生迸发出精彩，因为他们身上具有独特的优势与能力。

生涯探索

一、能力知多少

能力是我们顺利完成一些活动必备的心理特征。与我们日常语言中"本事""能耐""才干"等概念相通。

能力非常的多元（多样化），每个人身上具有不同的能力库。人生而不同，能力体现也是各有千秋。如同爱因斯坦所说："每个人都是天才，但如果你用爬树的能力来断定一条鱼有多少才干，它整个人生都会相信自己愚蠢不堪。"所以，我们每个人都有自己擅长的，我们需要做的就是找到自己擅长的，并充分发挥出来。

二、多元智能

美国心理学家霍华德·加德纳指出，我们每个人都同时拥有相对独立的八种智能，它们是以不同方式、不同程度有机地组合在一起。因此，每个人都有不同的智能优势组合。

语言智能：是指有效地运用口头语言或文字表达自己的思想并理解他人的能力。比如作文被推成范文；长于辩论；谈话中善于旁征博引等。

数理智能：是指有效地计算、测量、推理、归纳、分类，并进行复杂数学运算的能力。比如善于推理游戏、棋类活动等。

空间智能：是指准确感知视觉空间及周围一切事物，并且能把所感觉到的形象以图画的形式表现出来的能力。比如讲话时常加以身体动作，画图比画。

运动智能：是指善于运用整个身体来表达思想和情感、灵巧地运用双手制作或操作物体的能力。比如善于运动、表演、做手工等。

音乐智能：是指人能够敏锐地感知音调、旋律、节奏、音色等能力。比如能够辨别乐器的声音、善于唱歌、打节拍等。

自然智能：是指善于观察自然界中的各种事物，对物体进行辨识和分类的能力。比如善于观察动植物、辨别分类等。

人际智能：是指能很好地理解别人和与人交往的能力。比如朋友较多、善于合作。

内省智能：是指自我认识较深并能据此作出适当行为的能力。比如善于独处和反思。

加德纳说过一句话，"每个孩子都是一个潜在的天才儿童，只是经常表现为不同的形式。"每个人都拥有不同的智能优势组合，其实我们每个人擅长的点都是不太一样的，就像有些同学擅长跑步，有些同学擅长做物理数学的题目，有些同学擅长与朋友交流，有些同学擅长做饭做甜点……我们每个人都有天赋的能力，单纯与其他人比较某一个方面的能力优劣是没有意义的，要以整合的视角探索自己的能力结构。

❤ 生涯活动：

三、"智能达人"大搜索

在规定时间内请尽量多地说出与多元智能相匹配的智能达人及其从事的职业，可以是名人，也可以是身边的人。所说数量、类型最多的组胜出。

A（语言智能）：主持人撒贝宁、董卿、白岩松；作家莫言、刘慈欣、郭敬明、韩寒等；语文老师××等。

B（数理智能）：物理学家爱因斯坦、牛顿等；数学家陈景润、华罗庚、欧几里得等；数学老师××、物理老师××等。

C（空间智能）：建筑学家梁思成、李道增等；画家齐白石、徐悲鸿、达·芬奇、梵高、米开朗基罗等；美术老师××等。

D（运动智能）：外国的乔丹、科比、詹姆斯等；中国的刘翔、姚明、林丹、田亮等；演员甄子丹、李连杰等。

E（音乐智能）：巴赫、贝多芬、莫扎特、舒伯特、刘德华、韩红、周杰伦、陈奕迅、王菲、那英等。

F（自然智能）：动物学家达尔文、林奈、孟德尔等；天文学家伽利略、开普勒等；

生物老师××、地理老师××等。

G（人际智能）：政治家毛泽东、周恩来、邓小平、林肯、罗斯福；外交家基辛格、俾斯麦等。

H（内省智能）：哲学家苏格拉底、柏拉图、亚里士多德、康德、黑格尔、叔本华等；思想家孔子、老子、孟子、庄子、荀子、朱熹等；心理学家弗洛伊德、阿德勒、荣格等。

我们发现生活中或者身边很多的人所从事的职业都和他们的优势智能相一致，这也许是他们成功的一个重要原因。

四、多元智能专家

假设你最近新成立了一个多元智能公司，现在需要招聘人员，请对照岗位要求，思考需要重点考察应聘者拥有哪些方面的多元智能，才能更好地胜任这份职业。除此之外，你还会考察哪些方面的能力？请同学们做一回多元智能专家，为公司筹谋划策招聘到合适的人员。

现在公司需要招聘的岗位如下：

业务部：机电一体化设备操作员；管理部：电气设备管理员、机电产品的质量检验和质量管理员；销售部：机电设备的销售员、销售经理、售后服务员。

不同的职业所需的多元智能是有区别的，侧重点不同。每种职业都需要我们具备多种能力才能更好地胜任。那么我们自己身上拥有哪些潜能？对于未来的职业，我们已经具备哪些能力了？

五、能力雷达图

最里面代表0分，最外圈代表100分，请结合自己在各项智能的具体表现情况进行打分。并将各个标记点相连，得到自己的"多元智能雷达图。"

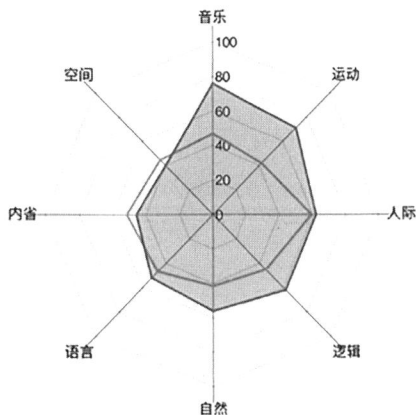

分享：

1. 你的优势能力有哪些？

2. 这些能力在哪些事件或活动中体现出来的？

3. 结合你未来的职业，你还要发展哪些能力？

每个人的能力都有所偏向，大不相同。可能目前你会觉得自己不具备一些能力，并非因为没有该项能力，而是还不曾学习和练习。能力是知识和技能的积累，是在职业实践中不断刻苦努力发展出来的，即使是某方面的天才，也不是生来就达到那么高的水准，而是在优势的能力上不断培养与磨炼。除了上述八项能力，我们还拥有一项非常重要的能力：提升能力的能力！

每片叶子都是不同的，人生的赛道有很多，每个人都拥有属于自己的智能组合，挖掘自己的优势，找到属于你的那束光！

✦ 生涯作业

完成能力提升计划

我想强化的能力是？提升计划为……

例如提升语言智能：

（1）每周观看一次辩论赛和演讲比赛。

（2）每天练习即兴演讲15分钟。

（3）早自习进行朗读训练。

（4）晚自习看15分钟提升表达力的电影或书籍。

✦ 生涯寄语

尽管我们常常谴责人类不了解自己的缺点，但恐怕也很少有人了解自己的长处，就像在泥土中埋藏着一罐金子，土地的主人却不知道一样。

——乔纳森·斯威夫特

你所意识到的能力，只是冰山一角，有更多的潜力有待于你慢慢挖掘出来。

——弗洛伊德

第二十四节　端正职业动机，调整职业价值观

人生处处有选择，为什么每个人的选择不一样？导致不同选择的根源是什么？

价值取向助选择，导致不同选择的根源就是价值观。每个人的价值观都不一样。不同的价值观会指引你作出不同的人生选择。今天我们就通过一个小活动来发现、澄清和审视自己的职业价值观。

🌟 生涯活动

价值观拍卖会

假设你现在毕业了，面临多种多样的职业选择。此时，高级生涯拍卖行有13张职业魔法卡竞价出售，拥有职业魔法卡可以获得相对应的工作。价高者得，若同时有多人出最高价，那么多人同时获得此卡。每人10万元代币，每张魔法卡起价1万元（不能融资，不能赊账）。

魔法卡	效果	想要的卡	预估金额	买到的同学	实际金额
利他助人	从事的工作是帮助他人或为大众谋福利的				
美的追求	能使你制作美丽的物品并将美带给世界的职业				
创造性	能使你发明新事物、设计新产品或产生新思想的工作				
道德感	与组织的目标、价值观、工作使命紧密结合				
成就感	能让你有一种做好工作的成功感，感受到自我存在的价值				
独立性	能让你以自己的方式去做事，或快或慢随你所愿的工作				
声望地位	让你在别人的眼里有地位、受尊敬、能引发敬意的工作				
管理权力	允许你计划并给别人安排任务的工作				

续表

魔法卡	效果	想要的卡	预估金额	买到的同学	实际金额
经济报酬	工作报酬高、使你能拥有想要的事物				
安全感	不会失业，即使在经济困难的时候也会有工作				
工作环境	让你的工作环境舒适、整洁、温馨、赏心悦目				
人际关系	能让你在一个公平并且能与之融洽相处的管理者手下工作并且和同事相处融洽，人际关系和谐				
变异性	让你的工作内容具有挑战性，富有变化，不会一成不变				

1. 选择

勾选出你最想买的几样魔法卡，预估出你想花多少钱买这些魔法卡。（魔法卡有限，认真思考如何分配）

2. 拍卖

（1）每项拍卖底价为1万，每次加价至少为1万。

（2）出价最高者即为得标者，得标者现场交易，并将名字和金额写在黑板上。其他同学将得标者姓名写在"买到的同学"一栏，并注明金额。

（3）依次完成13张魔法卡的拍卖。

（要求：保持会场秩序，全体肃静）

3. 延伸思考

（1）你最想拥有的魔法卡是什么？为什么？

（2）你是否买到了最想要的魔法卡？为什么？

💗 活动感悟：

在竞拍中，你选择对你而言最看重的东西，这些就是藏在选择背后的价值观。最想拥有的魔法卡是什么，可以和第一次初选择时对比。思考改变或者不变的原因就是不断澄清自己职业价值观的过程。

你是否买到了最想要的魔法卡？很多人不知道自己的追求是什么，不知道未来该如何选择。在大家都在朝着目标奋斗的途中，你可能会错失很多机会，就像这场拍卖会，大家各有所得，而你一无所获。所以要反思自己的职业价值观是否坚定，是否有明确而坚定的目标。

拍卖过程是全体学生共同参与了，是否受到了其他因素的干扰？你的选择可能会受到同伴的影响，都竞拍同一个魔法卡，就如同我们的职业价值观会受到他人的影响。这个人或许是父母，或许是老师或朋友。

生涯探索

一、价值观

价值观是指一个人对周围的客观事物（包括人、事、物）的意义、重要性的总评价和总看法。价值观是指向我们内心最重要的观念，是判断是非曲直、权衡利弊的天平，也是我们决定行为和方向的驱动器。

价值观的特点：抽象的，看不见、摸不着。你所看重的，你认为值得的。来自你对内心感受的评价，没有对错，没有标准答案，只有真实与否。

二、职业价值观

职业价值观是人们谋取一份职业的社会行为目的，决定人的就业方向和职业行为，影响人在职业活动中的态度，是人在从业过程中的驱动力。

职业价值观分类：第一，维持并提高物质生活的需要；第二，满足精神生活，实现人生价值，特别是发展个性的需要；第三，承担社会义务的需要。

我们的人生价值观决定了我们的生活态度，我们的职业价值取向导致了我们作出各种职业选择，这种职业选择决定了我们的职业状况，从而也决定了我们的生活方式，这种生活方式又最后决定了我们的人生幸福感。

三、调整职业价值观

💗 **生涯案例：**

"中国金牌技工"王亮

王亮是大连重工·起重集团机电安装工程公司一名电工。1990年参加工作以来，他参与了100多台（套）重型机械产品电气控制系统的安装调试，其中12台（套）是填补国内空白的重大技术装备。1993年至今，累计创造直接经济效益1500余万元。

他曾先后被授予集团公司劳动模范、特等劳动模范，大连市劳动模范、特等劳动模范、基层个人学习型标兵、十大发明家，全国五一劳动奖章、中国青年五四奖章和全国劳动模范等多项荣誉。

后来，一件大事轰动了企业上下公司内外。英国斯维达拉公司经过慎重研究决定，聘请王亮为该公司东南亚地区的电气调试总负责人，年薪20万元，首签合同4年。

但王亮谢绝了英方的高薪礼聘。他说："对这件事我不是没动过心。但我是'企业'培养的，这里有我的亲人和工友，有我难以割舍的情感，看见好处就走人，无论是良心和道德都说不过去。确实，现阶段我们的物质待遇不如发达国家的员工。但只要我们踏踏实实去做，我们的待遇迟早也会上去的，我坚信，这一天不会太远的！"

💗 **生涯思考：**

王亮的选择分别体现了哪些职业价值取向？对你有什么启发？

💗 **生涯点拨：**

王亮的选择体现了承担社会义务，有道德感和使命感，能够协助他人，把个人利益与社会利益相结合。正是有这么多甘于奉献的大国工匠，我们的祖国才能不断强大。我们也要端正职业动机，树立正确的职业价值取向。脚踏实地，切忌这山望着那山高；看重发展，切忌急功近利；立足实际，切忌好高骛远。我们应正确处理以下三个关系。

1. 处理好职业价值观与金钱的关系

金钱是一种成就的报酬，是在确定职业价值观时需要考虑的问题。但是，当我们拥有的知识、能力、经验和阅历还不足时，不能一毕业走进社会就获得大量金钱回报时，我们应该把眼光放远一些，应尽可能地将自我成长和自我实现作为在毕业求职时的首选价值观。

2. 处理好职业价值观与个人兴趣和特长的关系

在确定价值观时，一定要考虑它是否与自己的兴趣和特长相适应。据调查，如果一个人从事自己不喜欢的工作，有80%的人难以在他选择的职业上成功；而如果选择了自己喜欢的工作则可以充分调动人的潜能，获得职业发展的源动力。

3. 处理好职业价值观的排序与取舍的问题

职业价值观的特性决定人们不会只有一个职业价值观，人性的本能也会驱使人们希望得到更多，但在现实生活中"鱼和熊掌"是不可兼得的。找出你认为最重要、次重要的方面，并提醒自己不可能什么都得到。否则就会患得患失，终其一生也不清楚自己到底想要什么，更谈不上职业生涯的成功和对社会的贡献了。

生涯作业

澄清你的职业价值观

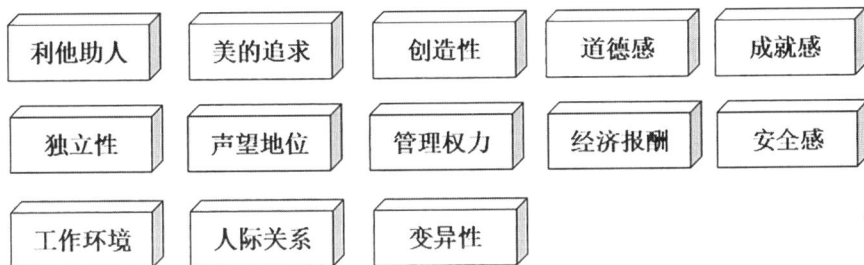

利他助人	美的追求	创造性	道德感	成就感
独立性	声望地位	管理权力	经济报酬	安全感
工作环境	人际关系	变异性		

1. 说说哪三个工作价值观对你很重要？请你简述理由。

（1）_____：　　　　　（2）_____：

（3）_____：

2. 找出本专业从业者需要具有的职业价值取向，简述理由。

（1）_____：　　　　　（2）_____：

（3）_____：

3. 通过探索和认知自己的职业价值观，你的学习动力是什么？

第二十五节　明确职业梦想，确立有效目标

生涯活动

探索我的"车日路"模型

1. 车，就是你的自我概念

如果把你比喻成一辆车？你认为自己会是什么车？跑车？越野车？卡车？电动车还是自行车？它的优势、性能、底盘、动力等跟你有什么关联？

2. 日，就是你的目标

列夫·托尔斯泰说："要有生活目标，一辈子的目标，一段时期的目标，一个阶段的目标，一年的目标，一个月的目标，一个星期的目标，一天的目标，一个小时的目标，一分钟的目标。"

而你这辆车要开往哪里？你的目标是什么？又或者说你的梦想是什么？

3. 路，就是你要走的路径

你要去的那个目标，路径清晰吗？可以分成哪些小步骤？中途你可能遇到什么样的困难或问题？

你认为你可能走的是宽敞平坦的大道，是弯曲的公路，还是崎岖的山路，又或者是泥泞的田间小路？

接下来，请大家在右侧任务单上完成你的车日路模型，写在相应位置；完成后小组内相互分享。

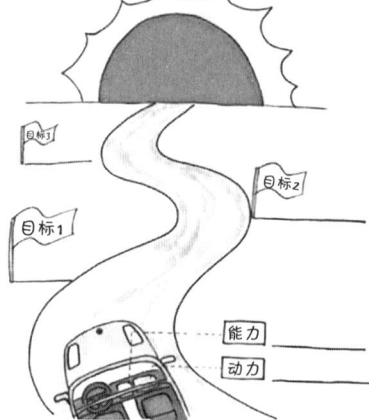

你是一辆什么车？
——车·日·路模型——

4. 升级我的"车日路"

不论我们是什么车，都在朝着我们的目标方向驶去，沿着所想的路径开着。但我们这辆车，在行使的道路上，在开向目的地的途中，车子可能需要加油、零件会生锈、车会抛锚、会碰撞、需要保养或发生其他故障，等等，我们该如何让它性能更稳、动力更足呢？接下来我们就来升级我的"车日路"。

升级"车日路"，我给大家提供 3 个策略，根据 3 个策略去选择和思考你的未来。

策略1—升级车：

（1）你对自己这台车的马力、底盘有信心吗？

（2）你想从哪方面提升自己？兴趣？能力？学习？人际？

（3）又有谁可以帮助你提升自己？你的动力来自哪里？

（4）你是通过什么持续"加油"的？

策略2—选好路：

对于你要走的路径，可能会遇到什么样的困难或阻碍？想做什么样的调整或改变？现在的路径就挺好，是否能按计划有信心地走下去？

策略3—做自己：

对于自己的当前角色和未来的追求，你想对自己说什么？你想实现自己什么样的价值？对于自己想做的事情，能坚持吗？

请完成下面的内容：

为追寻我心中的太阳，可以如何升级我的"车日路"？你会选择哪一个或哪几个？根据3个策略提示，填写在下面的表格里。

策略	升级车	选好路	做自己
选择（打√）			
做法			

5. 让自己闪耀起来

我们通过探索自己的"车日路"，升级"车日路"，让自己更明晰心中想要的，如果还没想得更清楚，我们可以从小目标入手，行动起来，慢慢去构成一个完整的"车日路"模型，让每一个时刻都是闪耀的。我们可以从以下几方面入手：

（1）接纳自我

可能你是一辆动力足、底盘稳的跑车；可能是敢于挑战、求上进的越野车；可能是性能稳定、内心坚固的卡车；又或者是喜爱舒适、缓慢前进而不焦躁的自行车。不论是什么样的车，它都有自己的优势和特点，我们要接纳自己，在接纳的前提下寻找驶向未来的能量。从而让车子更结实，能面对一切困难和挑战。

（2）积极实践

在实践中了解自己的兴趣爱好、挖掘自己的能力，激发自己的潜能，学会细化自己的时间颗粒度，不同的人，不同情景，时间颗粒度会发生变化，细化你的时间颗粒度，增强时间管理能力，提高自我效能，让学习、生活更高效，让自己更充满信心。

（3）优化目标

不论是小目标，还是大目标，我们都可以用SMART原则，去审视自己在各个阶段的方向，使目标可控、能驾驭。

（4）提高行动力

每进行一次职业发展的过程思考，都是在践行"车日路"模型的过程。任何事情都需要两次创造，一次是在思想（脑海）中、一次是在实践（现实）中。行动力，是对平庸生活最好的回击。所以，先行动起来再说，哪怕是一小步，只要我们沉浸其中，便能闪耀光芒。

生涯探索

一、目标的意义

关于人生目标的心理学实验

哈佛大学一项关于大学毕业生人生目标的调查显示，3%的人有清晰且长远的目标，25年后他们几乎都成了社会各界的顶尖成功人士；60%的目标模糊者几乎都生活在社会的中上层面，没有什么特别的成绩；27%的没有目标的人群几乎都生活在社会的最底层。

人生的目标尽管是一个老生常谈的话题，但它却是很现实的。目标对于我们，就像灯塔之于船舶，罗盘之于飞机，指导着我们前进的方向，让我们不再迷茫。

每一个人都有自己人生的目标，但又不尽相同。因此，几乎没有两个人的人生目标是一模一样的。

每个人在所拥有的时间里选择的"事件"，决定了他以后的生活质量。比如，在上学的年龄，你既可以选择好好学习，也可以选择逃学。在工作的时候，你既可以选择认真工作，也可以选择消极怠工。但是无论你选择的是什么，这些被选择的事件都会影响和决定你今后生活的质量。所以目标对我们每个人来说都非常重要，直接影响着我们日常行为以及未来的发展状况。

二、目标设定 SMART 原则

目标要从自身实际情况出发，太高或太低都不利于目标的实现。目标的设定是一个循序渐进的过程，不可妄想一步登天。那如何制定目标呢？目标设定要遵循 SMART 原则。

SMART 原则，是管理大师彼得·德鲁克在《管理的实践》中提出的目标管理方法，能让实践者更高效的工作。SMART 原则是由五个英文单词的首字母组成的。

1. 具体（Specific）

目标一定要明确，一次只能聚集一个目标，如果目标太大，就要把目标分解一个个小目标，并且是清晰的，要有明确的结果。目标清晰就是将结果图像化，达到的目标能用一句话说清楚。目标要有标准去衡量，还要有实现目标的计划。

不具体：我要找到一个好工作。

具体：我要找到一个从事电子产品检验维修，月薪 5000 的工作。

2. 可测量（Measurable）

可测量就是目标是否达成可以用指标或成果的形式进行衡量。在目标实现的过程中，目标的进度最好也是可以衡量的，至少有几个关键事件点来表示目标的实现的进度。在实现目标的过程中，对于完成目标的一些事务或关键事务是可以量化的。

不可测量：你目前从事电子产品推广销售的工作，你提出的目标是"降低客户投诉率，提高客户满意度。"

可测量：客户投诉率从 8% 降到 5%，客户满意度从 75 分提高到 85 分。

3. 可以达到（Attainable）

有时，远大的目标会让人在实现目标的过程中感到迷茫和焦虑，针对那些比较远大的目标，一定要将其分解成多个小目标。

小明是一位电子技术应用专业的学生，他的制冷与空调成绩在 60 分左右，他给自己设定的目标是达到 100 分。结果希望总是落空。

思考：你觉得他的目标有什么问题？如果是你，你会怎么设定目标？为什么？

4. 相关性（Relevant）

目标的相关性是指实现此目标与其他目标的关联情况。如果实现了这个目标，但与其他的目标完全不相关，或者相关度很低，那么这个目标即使达到，意义也不是很大。

例如，想要成为优秀的电子产品技术服务人员，需要考取技师证和高级技师证。

5.时间限制（Time-based）

目标一定要有时间限制，否则，时间一长，新鲜感一过，目标就很难再继续下去了。

李想同学目前是电子技术应用专业一年级的学生，今年16岁，他为自己设定一个目标：在中专毕业之前考取初级电工证。

大家来找茬：下面两个目标是否符合SMART原则，如果不符合应如何修正？

目标1：我今晚要做数学练习。

修订:我今晚要花一节课做完一套数学试卷的选择、填空和计算题，并核对正误，不懂的错的要请教老师或同学，将它弄明白。

目标2：我今天要背20个单词。

修订：我今天要用30分钟背20个英语单词，并能默写出来。

目标设定SMART原则是一个可以帮我们合理制定目标的有利工具，当我们需要在某一时刻完成一个任务或挑战时，可以通过SMART原则，帮助我们快速定位目标，从而更加迅速地靠近目标，完成任务或挑战。

三、职业生涯发展目标的构成

1.近期目标

近期目标就是当前所面临的第一个目标，最大特点就是只要自己努力就一定能实现。所以，近期目标一定是切实可行的，不仅看得到，而且摸得着。自己努力就马上能看见成果的。

对于中职生而言，职业生涯发展的近期目标就是自己在校学习期间所要完成的任务。如学什么课程，如何学习，参加什么技能训练，参加什么社团活动，阅读什么课外书。

2.阶段目标

职业生涯的发展是有阶段性的。不同的阶段所面临的问题不同，目标也不同。阶段目标是根据个人的具体情况所作出的实现长远目标的具体计划。阶段目标的确立，是实现长远目标的重要保障。阶段目标介于近期目标与长远目标之间，起着承上启下的作用。

3. 长远目标

长远目标就是沿着职业理想指引的方向，所确立的最远期的奋斗目标。长远目标是一个人职业生涯发展的骨架，是决定职业生涯规划成功与否的关键性因素。

长远目标有三种：技术型、管理型、自主创业型。对于中职生来说，长远目标既可以是个奋斗方向、范围，也可以是具有激励作用的某个职业。

目标不是固定不变的，而是可以边做边调整的，要不时地检验自己的目标。辉煌的人生不会一蹴而成，它是由一个个小目标的实现堆砌起来的。让我们把目标化整为零，用一个个小的胜利赢得最后的大胜利。

四、职业生涯发展目标必须符合发展条件

1. 职业生涯发展目标与个人条件

因为每个人的自身条件是不同的，所以为职业理想而确定的职业生涯发展目标也是因人而异、多种多样的，正所谓"条条大道通罗马"。

要选择适合自己的发展目标，立足于"择己所爱，择己所长，择己所需，择己所利"的现实，实事求是地分析发展条件，明确发展目标，"扬长避短"与"扬长补短"相结合。

2. 职业生涯发展目标与社会条件

职业生涯发展目标要适应社会条件，既包括适应国家经济社会发展的大环境，也包括适应所在地区经济社会发展的小环境。

个人的职业生涯发展目标不是一成不变的，还要与时代的前进步伐相结合。

五、目标的执行

当我们制定好目标，分解好目标，就需要采取行动，一步一步地去执行，不管这一步看起来是大还是小。在有限的时间里尽可能地去提高行动力，完成自己的目标。

六、目标复盘

一个个目标执行后，我们还要学会从不同的维度去做好目标的复盘，总结经验，使下次的目标能完成得更好。

1. 差距评估

可以继续用"可实现"指标对完成情况进行评估，了解完成和未完成的差距在哪里，在下次完成目标的时候更高效、更成功。

2. 对标进度

我们分解成的每一个小目标，完成进度是多少。

3. 问题查找

在复盘中去发现执行过程存在的问题、所花时间、专注程度等。

4. 优点呈现

去寻找自己的优点，肯定自己，奖励自己，形成良性循环。

在漫长的职业生涯规划中，我们既需要有"抬头仰望星空"的远大抱负，也要有"脚踏实地耕耘"的稳重意识。相信你一定可以在不断地自我探索中开拓属于自己的精彩！

生涯寄语

别看我一时，请看我一世。

Don't look at me for a moment, look at me for a lifetime.

生命的目的是有目的的生命。

The purpose of life is purposeful life.

我的人生，我来规划；我的生涯，我做抉择。

My life, I plan; my career, I make choices.

生涯作业

确定发展目标是达成目标的关键。目标是心中的罗盘。因为有目标，才会执着地去追求。根据 SMART 原则设置自己的近期目标、阶段目标和长远目标。

第二十六节　分析决策因素，平衡职业决策

❋ 生涯活动

向左 or 向右

人生充满选择，有些决策我们很快就能作出，而有些时候我们会犹豫不定。下面我们来尝试了解自己在生活中是如何作出选择的。

美食吃什么	A 首选火锅	B 烤肉你值得拥有
周末看电影	A 喜剧片爆笑一下	B 科幻片脑洞大开
暑假度假	A 海边休闲走一圈	B 深入城市人间烟火
未来工作选择	A 技术类	B 销售类

在面临不同的选择时，每个人都会考虑不同的因素后进行决策。我们会发现人生中有些选择我们只需要考虑"自我"，有些选择要考虑"自我"与"环境"，还有一些选择我们既要考虑"自我""环境"，还要考虑"资讯"。

❋ 生涯探索

一、决策金字塔

决策金字塔理论指出影响个体进行生涯决策的因素包括自我、环境和资讯三方面。自我包括兴趣、能力、价值观、性格等；环境包括重要他人期望、家庭成员影响、同伴影响、社会潮流等，资讯包括网络、讲座、参观、访问等。

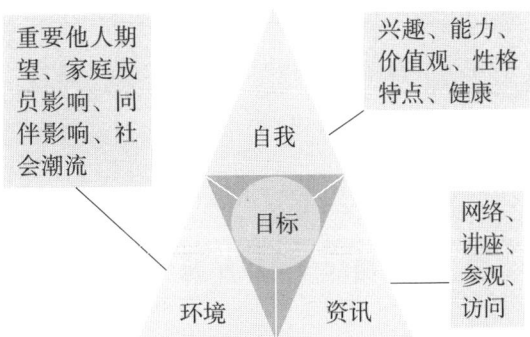

我们在做不同决策时需要考虑的诸多的因素都可以划分到决策金字塔的三个方面。决策金字塔理论把决策的影响因素具体化，可以帮助我们清晰地了解决策的因素。

二、决策中的冲突

做决定是生活中非常频繁发生的事情，随着我们的成长，我们要做的决定越来越重要，对未来的影响也越来越大。可是现实生活中我们对自己的期待和他人（父母）对我们的期待会发生冲突，这时我们怎么办？我们有 3 种可能的应对方式。

1. 完全拒绝

【表现】会拒绝和父母沟通。这是我们很常见的一种反应。"这是我自己的事，我自己说的算"。【背后的想法】这样的确可以表明我们独立的态度，不被任何人裹挟。【后果】但是这也伤害了他们，他们也是真心为你好。后果就是没有解决问题、关系闹僵，把对方推得越来越远，甚至是仇恨。

2. 照单全收

【表现】还有一种常见的反应，让父母满意更重要，按照父母说的去做。【背后的想法】别人对自己的期待比自己对自己的期待更重要。希望自己符合父母或者是社会对自己的期待。【后果】真实的自己不见了。

3. 坚守自己的期待，接纳他人的期待

【表现】在父母对自己的期待中看到了疼爱与善意，所以把自己内心真实的想法告诉父母，让父母支持自己。【背后的想法】虽然不认同父母，但是理解父母的期望，父母最希望的还是自己能幸福快乐地过一生。让父母知道让自己做热爱的事情，就可以幸福快乐地生活。【后果】父母的期待与自己的期待产生交集。

学会做决策不仅仅是解决生活中的难题，更是通过决策，能够对自己进行深入的思考，体验自己生命的存在。当自己对自己的期待和他人对自己的期待产生冲突的时候，要避免"完全拒绝"和"照单全收"，学会坚守自己的期待，接纳他人的期待。

三、未来职业决策平衡单

一个人在其生涯中经常会面临多重选择，这时就需要个人作出决定，即"生涯决策"。决策平衡单是一个很好的工具，它可以帮助决策者具体分析每一个可能的选择方案，并且能够把结果以相对量化的形式一起呈现出来，方便我们做比较。

未来职业决策平衡单

选择项目		职业一		职业二		职业三	
考虑因素	权重	分数	加权分数	分数	加权分数	分数	加权分数
加权后总分							

我的决定时间：＿＿年＿＿月＿＿日

具体怎么操作呢？可参考以下步骤：

第一步：写出你的职业选项，2 个或以上。

第二步：列出需要考虑的具体因素，关注的焦点一般聚集在以下 4 个因素上：

（1）自我物质方面的得失：

①收入

②工作的困难

③升迁的机会

④工作环境的安全

⑤休闲时间

⑥生活变化

⑦对健康的影响

⑧就业机会

⑨其他

（2）他人物质方面的得失：

①家庭经济

②家庭地位

③与家人相处的时间

④其他

（3）自我精神方面的得失：

①生活方式的改变

②成就感

③自我实现的程度

④兴趣的满足

⑤挑战性

⑥社会声望的提高

⑦其他

（4）他人精神方面的得失：

①父母

②师长

③配偶

④其他

以上所列细目只是一个示范，你可以进行删减或增加。"他人精神方面的得失"只是列出可能的"他人"，并没有列出"他人"哪些精神方面的细目，具体操作时，你可以列出来。

第三步：给你的考虑因素赋权重。

决策者根据不同的细目对自己的重要程度确定各细目的权重，权重的分层可采取五点量表，如"最重要"的计 5 分，"较重要"的计 4 分，"一般"的计 3 分，"较不重要"的计 2 分，"最不重要"的计 1 分。

第四步：打分。

每一个选项，在每一个因素上能有多少分，优势为得分，缺点为减分。

第五步：计算加权分数，求和，得到答案。

加权分数＝权重 × 分数，将每一项的得分和减分乘以权数，得到加权后的得分或失分，分别计算出总和，并以此分数来作出最后的决定，按分数高低进行排序，一般认为，得分最高的就是已列出的备选方案最好的一个。

第六步：调整。

最后思考几个问题：这张表格反映了你内心的想法吗？为什么？如果做完之后仍然想选择得分少的一项，是否有什么考虑因素被遗漏了？做好决策之后如果还有遗憾，有没有什么方法可以弥补？

一旦你作出决定，就需要承担起随之而来的荣辱苦乐。当你在执行之路上面对那些意料之中和意料之外的压力时，请你时时回过头来看看，当初在你心中认为最重要的东西现在还依然那么重要吗？如果是请坚持住，如果不是了，那你需要重新为自己作出决定。

🌸 生涯作业

参考小慧未来职业决策平衡单，学习决策平衡单的填写方法，找出自己的未来想要从事的职业，完成自己的职业决策平衡单。

小慧未来职业决策平衡单

选择项目		职业一 网络维修人员		职业二 网页设计师		职业三 网络产品销售员	
考虑因素	权重	分数	加权分数	分数	加权分数	分数	加权分数
收入	4	2	8	3	12	4	16
休闲时间	2	−1	−2	2	4	−2	−4
创造性	3	−1	−3	5	15	2	6
兴趣	4	1	4	3	12	3	12
调整性	2	2	4	3	6	4	8
职业前景	4	3	12	4	16	2	8
加权后总分		23		65		46	

小慧通过生涯决策平衡单的决策之后，她的决策方案的得分是：网页设计师＞网络产品销售员＞网络维修人员。综合平衡之后，网页设计师岗位较为符合小慧的职业生涯目标。通过案例分析，我们能发现，列举考虑因素，给每项因素分配权重以及给各项因素打分的过程，就是决策者理清思路的过程，决策平衡单法提供了一个思考的框架和过程。

生涯测试

决策风格问卷

根据下列选项作出判断，符合记 1 分，不符合记 0 分。

情景陈述：

1. 我常仓促做草率的判断。

2. 我做事情时不喜欢自己出主意。

3. 碰到难做的事情，我就把它放到一边。

4. 我会多方收集决定所必需的一些个人及环境材料。

5. 我常凭一时冲动行事。

6. 做事时我喜欢有人在身旁，以随时商量。

7. 遇到需要做决定的，我就紧张不安。

8. 我会将收集到的材料加以比较分析，列出选择的方案。

9. 我经常改变我所作出的决定。

10. 发现别人的看法与我的不同，我就不知怎么办。

11. 我做事总是东想西想，下不了决心。

12. 我会权衡各项可选择方案的利弊得失，判断出此时此地最好的选择。

13. 做决定之前，我从未做任何准备，也未分析可能的结果。

14. 我很容易受别人意见的影响。

15. 我觉得做决定是一件痛苦的事情。

16. 我会参考其他人的意见，再斟酌自己的情况来作出最适合自己的决定。

17. 我常不经慎重思考就做决定。

18. 在父母、师长或亲友催促做决定之前，我并不打算做任何决定。

19. 为了避免做决定的痛苦，我现在并不想做决定。

20. 经过深思熟虑之后，我会明确决定一项最佳的方案。

21. 我喜欢凭直觉做事。

22. 我常让父母、师长或亲友为我做决定。

23. 我处理事情经常犹豫不决。

24. 当已经决定了所选择的方案，我会展开必要的准备行动并全力以赴做好它。

决策风格问卷结果

题号	1、5、9、13、17、21	2、6、10、14、18、22	3、7、11、15、19、23	4、8、12、16、20、24
得分				
决策类型	直觉型	依赖型	犹豫不决型	理性型

第二十七节　绘制生涯彩虹，模拟人物访谈

✦ 生涯活动

初探生涯角色

在人一生中，在不同阶段扮演着不同的角色。从一个懵懂好奇的婴儿，成长为一个思维敏捷的学生，伴随着年龄的增长，我们的生涯角色日渐丰富。

下面请同学们闭上眼睛回忆一下，截至目前，自己在日常生活和学习中都扮演着哪些角色，然后在练习纸对应位置进行罗列。

思考：对照你的生涯角色，说一说你最喜欢哪一个？你最胜任哪一个？哪个角色还不太胜任？在未来的生活中，你还将扮演什么角色？

我们可以发现，其实从我们呱呱坠地开始，就扮演着相应的生涯角色，有子女、学生、哥哥、姐姐、朋友等；当然，在未来的生活工作中，我们也将扮演着不同的角色。

✦ 生涯探索

一、生涯彩虹图

"生涯"整合了人们一生中的职业和生活角色，是生活中各种事件的发展方向和历程。生涯规划就是对自己未来的生活进行有目的、有计划、有系统的准备与安排。体验不同的人生角色，追求属于自己的人生理想。

著名生涯规划大师舒伯将人一生的生涯历程比喻成一道绚丽的彩虹，在个人发展历程中，随年龄的增长而扮演不同的角色，在每一个阶段对每一个角色投入程度可以用颜色来表示，颜色面积越多表示该角色投入的程度越多，空白越多表示该角色投入的程度越少。这个图的作用主要是对自身未来的各阶段进行调配，作出各种角色的计划和安排，成为自己的生涯设计师。

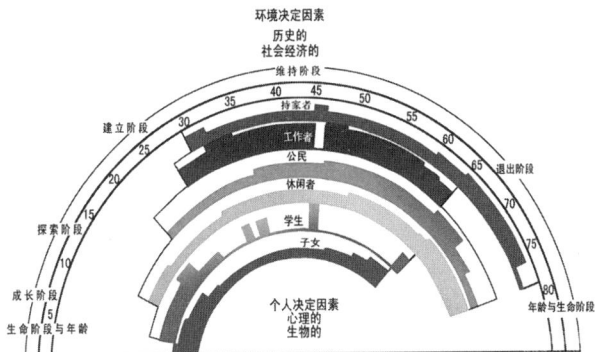

纵向层面代表的是纵贯上下的生活空间，由一组职位和角色所组成。舒伯认为，人在一生当中必须扮演9种主要的角色，依次是儿童、学生、休闲者、公民、工作者、夫妻、家长、父母和退休者。

横向层面代表的是横跨一生的生活广度。彩虹的外层显示人生主要的发展阶段和大致估算的年龄：成长期（约相当于儿童期）、探索期（约相当于青春期）、建立期（约相当于成人前期）、维持期（约相当于中年期）以及衰退期（约相当于老年期）。

二、生涯不同阶段的发展任务

人生的每个阶段都有不同的状态和任务，同学们处于哪个阶段？

成长阶段：是认知发展的一个重要的阶段，在这个阶段开始有自我观念，辨别身边事物，学习基础知识，了解社会团体构成，对职业有相对概念。（显著角色是儿童）

探索阶段：通过学校的活动、社团休闲活动、打零工等进行角色试探，了解自己的兴趣爱好、评估能力、发展特长，选择相应课程，为以后职业做准备。（显著角色是学生）

建立阶段：由经验积累和对自我的认知选择教育机会、就业专业，完善就业技能，并找到职业上的安定和婚姻的选择，完成成家和立业两件大事。（显著角色是家长和工作者）

维持阶段：维持生活和工作的稳定，同时会面对新的人员的挑战，寻求更深层次的自我发展。（显著角色是工作者，又恢复了学生角色，同时公民与休闲者的角色逐渐增加）

退出阶段：由于生理及心理机能日渐衰退，个体不得不面对现实，从积极参与到隐退。这一阶段往往注重发展新的角色，寻求不同方式以替代和满足需求。

在人生发展历程中，每个人都在随着年龄的增长而扮演不同的角色，在同一年龄阶段可能同时扮演数种角色，因此彼此会有所重叠，但其所占比例则有所不同。所有的角色都彼此互相影响。

在一个角色上投入过多的精力，而没有平衡协调各角色的关系，则会导致其他角色的失败。15—24 岁的探索期的主要任务是通过学习进修、自我考察、角色鉴定和职业探索，完成择业和初步就业。

人的社会任务或职业生活不断变化，角色也随之变化，从一个角色进入另一个角色。角色转换的变化从根本上说是社会权利和义务的变化，而学生就业后的社会角色转换不是瞬间发生和完成的，而是要有一个过程的。

一个人的一生中，工作、家庭、休闲、学习研究和社会活动对个人的重要程度以及对个体不同的发展阶段具有特殊意义。

角色决定人生宽度，时间体现人生长度。在最好的年纪为梦想而努力，提升人生的高度，增加生命的浓度。青春的底色是奋斗，让我们为自己的彩虹人生奋斗！

三、绘制我的生涯彩虹

💟 生涯活动：

下面请同学们参考舒伯的生涯彩虹图，结合自己的生涯目标，画出属于自己的生涯彩虹图。

第一步，参照舒伯的生涯彩虹图，在"我的生涯彩虹图"最外围弧线上写上年龄，在每两个弧形之间的间隔中写上不同的生涯角色名称。

第二步，根据自己的现实或预想的未来状况，判断在某一阶段你会把主要的时间精力放在哪个或者哪些角色上，把该年龄段对应的角色弧形涂上某种颜色。着色面积的大小代表投入精力的多少。

第三步，画完所有年龄对应的所有角色的彩虹后，分析一下自己在某些角色上投入的时间精力是否符合你本身的期望。

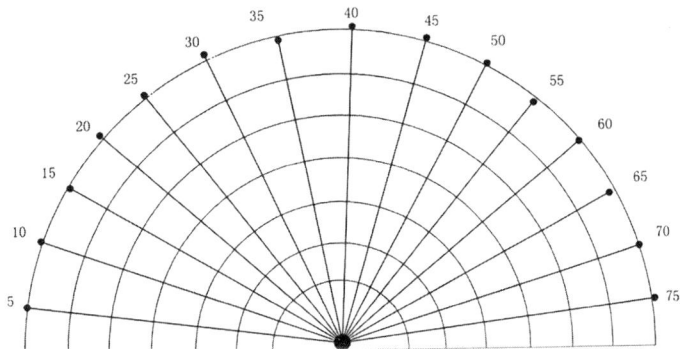

我们每个人绘制出的生涯彩虹图各不相同，那也正说明了我们每个人具有独特性，在未来的发展和规划中，我们也将迎来五彩缤纷的人生，因此我们不必效仿他人，需遵从内心选择学习"它"、掌握"它"，从而体验生涯角色对自己的意义，追寻属于自己的独特人生。

四、生涯人物访谈

生涯人物访谈作为职业信息探索的根本方法，可以建立求职信息渠道，能以较高效率获得比较深入的职场信息。

生涯人物访谈即针对目标职业中的从业者，以访谈的方式了解其自我发展形态。学术界比较公认的生涯人物访谈的概念为：通过与一定数量的职场人士（通常是自己感兴趣的目标职业从业者）面谈而获取关于一个行业、职业和单位"内部"信息的一种职业探索活动。

1. 访谈前的准备

小组负责共同编制一份相对完善的生涯人物访谈提纲（注意这里是职业生涯人物访谈，不是职业生涯人物个人隐私八卦）。

访谈提纲的主要内容有：

（1）生涯人物个人信息。

（2）职业决策类（为什么选择这个职业）。

（3）职业进入类（怎么进入这个职业的，进入要求是什么）。

（4）工作内容类（主要工作内容、要求的能力等）。

（5）待遇机会类（薪酬待遇、发展机会等）。

（6）机会争取类或其他前面小组没有访谈到的内容。

2.访谈

注意事项：

（1）访谈的对象

从业者，即在这个岗位上持续工作3—5年，且取得了一定的成绩的人。

（2）访谈的时间和形式

访谈最好是面对面，这样你不仅了解对方说话的内容，更容易直观了解其精神状态、风格和感受，在你的头脑中也会有更加"具象"的职业形象。同时，也会有更多的互动和情感连接，为今后建立持久的关系创造条件。访谈时间一般控制在30分钟左右，应尊重对方的宝贵时间，除非对方喜欢你，愿意多聊一些。

（3）访谈后表达感谢

访谈后当天或第二天，以短信、微信或邮件等形式向对方表达感谢。

五、职业生涯人物访谈报告

1.访谈的生涯人物介绍。

2.访谈内容总结。

（1）目标岗位的职业胜任体系（重点）。

（2）进入条件（学历、年龄等招人条件）程序。

（3）主要工作内容（岗位职责）（重点）。

（4）市场需求量。

（5）社会印象。

（6）薪酬待遇。

（7）职业发展机会和升迁机会（重点）。

分享：

通过本次模拟访谈，你对这个职业有了哪些新认识？有哪些是与你之前的了解有偏差的？

世界上不存在两个完全一样的生涯，同一个人的不同生涯阶段也不相同。其实没有人的生命是完美无缺的，每个人的生命都充满了无限的可能。愿你们都能成为自己的光，最重要的是成为你们自己想要的样子！

参考文献

［1］周建标 . 心态影响人生［J］. 理论学习，2010（9）：55-61.

［2］李泂 . 浅谈中等职业学校学生的挫折教育［J］. 中学课程资源，2013（1）：18-19.

［3］曹苑莉 . 沟通创造价值［J］. 人力资源，2012（5）：3.

［4］王玉卓 . 领导力提升有效措施之高效沟通的研究［J］. 中国商论，2019（7）：205-206.

［5］乔守春 . 庄子死亡观论析［J］. 成都理工大学学报（社会科学版），2017（4）：45-49.

［6］张杰，方乐，周莉 . 自杀者亲友抑郁影响因素分析［J］. 中国公共卫生，2007（5）：549-551.

［7］杨菁 . 拉近师生的心理距离方法探究［J］. 科技资讯，2013（5）：239.

［8］黄巨球 . 中学生早恋的原因及对策［J］. 南宁师范高等专科学校学报，2003（4）：56-59.

［9］方仕勇 . 浅析中学生积极心态的培养［J］. 昭通学院学报，2017（10）：175-177.

［10］林玢，陈会昌 . 注意力：开启学习的金钥匙「J」. 家庭教育，2005（12）：6-9.

［11］叶庆仙 . 自我认知：为中职生行为改变赋能［J］. 职业，2019（12）：126-127.

［12］刘春影 . 中职学生霍兰德 SDS 职业兴趣试题测评报告［J］. 科学咨询（科技・管理），2018（1）：89-90.

［13］任超 . 高职学生对职业价值取向的认知现状和对策分析［J］. 职业技术，2011（2）：67.

［14］高岚，申荷永 . 沙盘游戏疗法［M］. 北京：中国人民大学出版社，2012：15-20.

［15］朱金娥.浅谈怎样培养中职生的积极心态［J］.科技资讯，2009（15）：184.

［16］张晴悦.团体辅导对初中生自我效能感的提升研究［D］.南昌：江西师范大学，2018：7-9.

［17］李大为.普通师范类高校新生社交焦虑和社会适应能力的相关调查及 OB 训练的干预研究［D］.大连：辽宁师范大学，2019：6-24.

［18］王欣.中职生恋爱现状的个案调查及对策研究：以烟台第一职业中专为例［D］.烟台：鲁东大学，2014：12-14.

［19］邵瑞珍.教育心理学［M］.上海：上海教育出版社，1997：58.

［20］金洪源.学科学习困难的诊断与辅导［M］.上海：上海教育出版社，2004：114.

［21］罗吾民.生涯决策大迷宫：高中生系统决策意识的唤起［J］.中小学心理健康教育，2020（2）：62-64.

［22］朱婷婷.生涯决策风格与影响因素：高一学生心理活动课教学设计［J］.江苏教育，2018（24）：26-28.

后　记

中职思政课以五大核心素养培养为课程育人目标，本书加强了"职业精神"和"健全人格"的核心素养培养。关注学生的健康成长，培养学生拥有阳光心态，帮助学生构筑梦想，勇于担当重任，形成优秀人格，事关学生一生的幸福，事关民族的兴盛、社会的进步。

本书贯彻教育部颁发的《心理健康指导纲要》，根据"贴近学生，贴近实际，贴近生活"的原则，培育中职学生的健全人格，有助于他们正确认识自我，学会有效学习，确立符合社会需要和自身实际的积极生活目标，培养责任感和创新精神，养成自信、自律、敬业、乐群的心理品质；有助于他们学会竞争与合作，树立正确职业理想，培养职业兴趣，提高适应社会、应对挫折、求职就业的能力。

实现中职思政课程和课程思政协同育人的关键成果，思政课程和课程思政协同育人急需找到共同的发力点，力求给中职班主任和心理教师提供一套有价值、可操作的心理健康和职业生涯规划教育的教材，同时本书也可以作为中职班会课和学生休闲时的心理读本。

本书围绕中职学生在心理成长过程中面临的困难和问题，通过能够调动学生积极性的心灵游戏、充满哲理的心灵故事、生动有趣的心灵图片、神秘的心灵测试、发人深思的心灵寄语等内容，引导学生了解心理健康的基本知识，树立心理健康意识，掌握心理调适方法，学会健康生活、和谐交往、智慧处事，形成乐观的品格，从而更好地适应学校和社会生活。

为构建高品质的心理健康教育课堂，使心理健康教育更加具备实效性、针对性、感染力、吸引力，本书还设定了启迪心智的主题沙盘课、绘画分析课，希望心理健康特色活动课在学校心理健康教育中发挥更大、更有效的作用。

职业生涯规划模块结合职业教育特点，选择与职业生涯密切相关的教学内容，融入职业道德、职业精神教育，强化与职业能力密切相关的学科核心素养培养，目标导向与问题导向相结合，满足学生未来职业发展的需要。

本书由刘畅著，吕兴、姜佳杞、杨薇分别参编第二十三节、第二十四节、第二十七节。在本书的编著中，我们借鉴了很多同行和专家的见解，得到了学校领导的指导，得到了很多老师的帮助，在此我们深表谢意！

当然，由于我们的水平所限，本书的内容定有不完美之处。我们真诚地希望广大读者对本书多提宝贵意见，以期日臻完善，以飨读者。

刘畅

2023 年 3 月 14 日